RAULITO

The First Latino Governor of Arizona

RAULITO

The First Latino Governor of Arizona

Roni Capin Rivera-Ashford

PIÑATA BOOKS
ARTE PÚBLICO PRESS
HOUSTON, TEXAS

Piñata Books are full of surprises!

Piñata Books
An imprint of
Arte Público Press
University of Houston
4902 Gulf Fwy, Bldg 19, Rm 100
Houston, Texas 77204-2004

Cover design by Mora Des!gn
Cover art by Gary Bennett
Photos courtesy of University of Arizona Libraries, Special Collections.

Printed in the United States of America

August 2021–October 2021
Versa Press, Inc., East Peoria, IL
5 4 3 2 1

CONTENTS

ACKNOWLEDGEMENTS

Raúl H. Castro is the reason for this book—every step of the journey he lived became the legacy he left; and the gift he left me was the blessing to write and share his story with you.

Every writer needs a great editor, or two . . . my two, for whom I have the deepest gratitude, are my husband & lifelong friend, Daniel Rivera Ashford, and our daughter, Sarah Liliana Ashford.

Sheila Wilensky, a writer, editor and former bookstore proprietor, brought some personal moments to *Raulito's Journey* through special interviews. A big thanks to all of you who contributed: Playwright James Garcia, Ignacio (Nacho) Castro, Dr. Jim Pughsley, Anne Doan, Congresswoman Catherine Miranda, former Senator Dennis DeConcini, Consul Emeritus of El Salvador Enrique Meléndez, and former Chief of Staff to Governor Castro Dino DeConcini. Anne Doan, fellow *nogalense,* schoolmate, educator and friend was the catalyst that ignited this journey, perhaps without realizing it, which is how life happens at times. She introduced me to Raúl Castro. Anne and I always referred to him as "The Governor."

Special gratitude for Gary Bennett, cover artist, who put his heart and soul into this project; waiting eight years while believing in me and *Raulito*—never giving up. And to Anne Buzzard, former administrator at NAU, who introduced me to Gary.

Governor Castro's life was impacted by several amazing teachers along the way. You'll read about them in this book. Throughout my life and education, I too had several supportive teachers. Sometimes they believe in us when we have a hard time believing in ourselves. Their influences can be heard and felt in my writings, this book as well as my others. I am grateful to each and every one for their unique impact in my life: lifelong teachers/parents—Harlan (served on the Arizona-Mexico Commission and other community boards with Raúl), Dianne and Felice Capin; my *suegros adorados*—Augustine López Ashford and Teresa Rivera-Ashford; my grandmother—Lillian Bracker Capin and my godmother—Emma Moreno Matiella; my surrogate *familias:* Harvey and Laurie Bracker—Rebecca, Benjamín and Emma Moreno Matiella—Ana Consuelo, Irma Legleu Pierson and Emilia Carranza de Legleu—Denise, Victor and Margarita Campodónico Cordero—Irma. Thanks to my Elementary School thru University supporters: Margaret P. Anderson, Mollie Hildreth, Marge Hernández, David Coombs, Joe Maestas and Mary

Spence; Elders: Adele Bracker Rosenman Essman, Midge Bracker Parker, Bernice Levy Klein, Harriette Capin Herman, George and Mickey Winard; forever in my heart, beyond being my nanas, from both sides of the border—*del otro lado*: Juanita, Adela, Marianita, Coyo, Elvira, Margarita, Luis Medina, Ofelia and María Jesús—they will always be a part of me and my heart. My certified healers, who like Chalita, Raulito's mother, have helped me maintain a healthy mind, body, soul connection—Dr. Jim P. Martínez, Glenda, Grendl and Peg, Carol Ross, Stephanie Bowden, Maria Shamus, Rita Confer, Petra Barten and Claire Ostrovsky. Those who believed in my stories and my books: Heather Knowles—Amazing Editor and Amiga, Angie and Anita— R&V Books and Rhody Cohon—*New York Times* best-selling author; Ramona Moreno Winner—Brainstorm 3000 and Patricia Preciado Martin—both Arizona Latina Trailblazers and award-winning authors; Reynaldo and Marta Ayala—Nana's Warehouse Books; Sheryl Baker and Linda Sweeney—Delaney Educational; professor and award-winning author—Alberto (Tito) Ríos, Arizona's Poet Laureate; professor and author-illustrator— Jay Rochlin; last but not least, educational administrators: Marty Córtez, Porfirio (Buddy) Islas, Rosanna Gallagher, Patti López, Rebecca Montaño and Barbara Benton Sotomayor who were each, in their own unique way, instrumental in my professional career, as a teacher and translator/interpreter, as well as a writer;

vital encouragement and support from Drs. Susan Hutton and Tom Gougeon, professors emeritus; Ramona Grijalva, Teresa Sheehan, Jo Wilkinson, Carolina Villa, Karen Liptak, Susan Simon and Majida Watkins.

My two sons, Aaron Rivera-Ashford and Justin Daniel Ashford who've taught me that the journey of life can be traveled many different ways.

Last but not least, Dr. Nicolás Kanellos, Marina Tristán, Gabriela Baeza Ventura, Adelaida Mendoza and J. Oscar Polanco of the University of Houston's Arte Público Press and Piñata Books, for believing in Raulito's story.

LETTER OF INTRODUCTION

On June 12, 2013, I turned 97 years old. I'm writing this to you, knowing that when you read it, I may not be here on Earth anymore. So, this is a message I want to leave for you.

You might ask who I'm writing this to. I'm writing to whoever is reading this right now: a boy or a girl, an adult, a student, a teacher, a parent . . . you, the reader. The important thing is that you are here, reading and learning about many things. Perhaps you are learning more than one language, just like I did. I know how to speak, read and write in more than one language because I grew up speaking both Spanish and English in my family and didn't give it up. I never allowed anyone to take my languages, culture or beliefs away from me. I was who I was; I am who I am. That is why I have been able to share with people all over the world. It was necessary for my work, and speaking two languages has always been fun for enjoying life and helping others.

As you read this story about my childhood and my life, about who and what inspired me to always do my best—in school, at home, at work and even at play—I hope you will learn from what I did. This is a key I wish to give you to help you enjoy much success in your life and help others along the way.

One more important thing I want to leave with you, besides for you to always do your best, is: Be kind to others, no matter where they come from, what color their skin is, what language they speak or who they pray to. When everyone respects each other and knows that we are more the same than we are different, and that we can learn from others' differences, we will have a more beautiful and more peaceful world to live in.

—*Raúl H. Castro*

PREFACE

I met Governor Raúl Castro for the first time when he was living in Nogales, Arizona, my hometown. Our first meeting was arranged by a mutual friend, Anne Doan. He was delighted to see that I brought him a gift: two of the bilingual children's books I wrote about the cultural traditions of the Southwest. I autographed them just for him.

Governor Castro contacted me the following week and said, "Your books bring back many memories of when I was a child. When will you come visit again? I'd like to tell you some of my stories from back then. I have a gift for you, too: a book I wrote about my life." I told him I'd come back the next month and promised to make some *albóndiga* soup for him and his wife Pat.

I began reading his autobiography, *Adversity Is My Angel*, while on a plane heading to South Texas near the Rio Grande, to speak about my books at several schools in the area. On Sunday morning during my trip, I arose with excitement because of the dream I had. In the dream, I kept hearing this powerful voice trying to get my attention. The voice in my dream kept repeating, "Raulito becomes the governor," "Raulito becomes the governor!" I had to call Governor Castro and ask for his blessing to write a book for youngsters about his life but I did not want to intrude on his Sunday. I decided to text Anne to tell her about my dream and asked her to convey it to the governor. He said he was so happy to hear this news, "Because I've always wanted to have my story told for the young ones. I want them to know about overcoming challenges. I want them to be inspired."

Over the next several months, I visited the Castros many times, and we got to know each other like *familia*. At times, we would chuckle and wonder who was interviewing whom. He was excited for me to interview him for the biography. He enjoyed sharing stories he wanted youth to know and learn from to hopefully put into practice in their own lives.

He and Pat were also delighted that each time I visited, I brought them some homemade soup. I came from one of the pioneering Jewish families in Nogales, and I had learned to make authentic matzo ball soup. They told me they'd heard about this soup their entire lives but had never had the opportunity to taste it. They loved it.

I learned so much about Governor Castro's journey, his work as a teacher, a lawyer, a county attorney and judge. He was the only Latino governor of the state of

Arizona and the only Latino to serve two American presidents as an ambassador to three Latin American countries. Raúl Castro's life story is an American story, a dreamer's story, a legacy filled with inspiration. I feel honored that Governor Castro entrusted me to write about his extraordinary life. I hope you enjoy reading about how this little Mexican boy who went from foraging in the desert for food to becoming a great American leader.

—Roni Capin Rivera-Ashford

Chapter One

A GRAIN OF SAND

As a pearl is formed and its layers grow, a rich iridescence begins to glow. The oyster has taken what was at first an irritation and intrusion and uses it to enrich its value. How can you coat or frame the changes in your life to harvest beauty, brilliance and wisdom?

—Susan C. Young

In 1974, Raúl H. Castro was elected governor of Arizona, becoming the first and only Latino to date to serve as governor. He overcame poverty and discrimination to achieve this high honor. Nothing in his background had prepared him for this meteoric rise to political power, but he succeeded anyway.

He was known endearingly as "Raulito," the nickname he'd gone by since elementary school. "I was called Raulito instead of my proper name, Raúl, because I was the smallest in the family. Spanish-speaking people like to add 'ito' or 'ita' to lots of words to give them the meaning of small or cute."

Raulito's father, Francisco Castro, came from a small fishing village in Baja California. As a child he had to work to earn money to help his family. Because he was a good swimmer, he was able to get a job as a pearl diver, harvesting oysters from the bottom of the sea then bringing them to shore and extracting the pearls. Raulito's father worked courageously and persistently.

Rosario Acosta, Raulito's mother, was small, like most people in her family. She read at an advanced level by the third grade. Raulito's father always wanted to learn to read. He wanted to be the best father he could be, and was aware that knowing how to read would help him get a better job and would come in handy to teach his children. Being a positive influence, teacher and role model for his children was one of Francisco's primary goals in life. Rosario taught Francisco how to read after they were married.

Francisco and Rosario moved to the town of Cananea in Sonora, Mexico, in 1916. Francisco wanted a job that paid enough for him to support his growing family and would be a steady income. He had his eye and his hopes on the Cananea Mine which was located in the middle of the Sonoran Desert, just ninety miles south of the United States. It was there that Raulito was born, the ninth of eleven children.

Francisco worked the Cananea Mine, where gold, silver and copper were abundant. "Within the first year of working at the Cananea mine, my father got involved in the miners' union. He wanted to be a leader in helping eliminate the unfair and discriminatory actions towards certain workers. He noticed that the Mexican miners didn't have the same privileges that the white miners had, like warm water to shower at the end of a long, exhausting workday in the mine," Governor Castro shared this matter-of-factly.

The owner of the mine, William C. Greene, had been given the title of colonel in the early 1870s, after leading a band of men in an Indian raid and proudly used it for the rest of his life. Francisco was labeled a "rabble-rouser" by the powerful Colonel Greene, who had Raúl's father spend time in prison for unionizing. Colonel Green was unhappy with Francisco's involvement in organizing "Section Sixty-Five" of the miner's union, which demanded fair wages and good working conditions for the miners.

Raulito's mother and their only daughter, Enriqueta, were the two family members who would go visit Francisco in prison. It was a scary experience every time they went. The tension and hatred from those in charge was evident. After six months in prison, fear was rising that they would kill him. One of the times Enriqueta went, she brought some crucial information that helped get him released.

In 1918, Francisco was still in jail. There was more than one war going on in Mexico. Rosario was afraid for her husband's life because of the tensions heating up in their country. It's unknown what the concealed information was that Enriqueta brought to her father, but it convinced the Mexican government to release him. The deal was to let him out of prison, but only if he and his family would leave Mexico. This was a perfect opportunity for the Castro family to move to the United States. The Mexican government released Francisco and the entire Castro family became political refugees. They moved from Cananea, Mexico, to Pirtleville, four miles north of Douglas, Arizona, on the border between Mexico and the United States.

Not only did the Castro family move to a new town, they moved to a new country. They had to learn a new language, English, and a new culture. Eventually, the children became bilingual: speaking, reading and writing both Spanish and English.

Chapter Two

TEACH A CHILD TO FISH

Education must not simply teach work—it must teach life.

—W.E.B. Du Bois

Raulito's mother, Rosario, taught him about collecting and cleaning saguaro and prickly pear fruit from cacti and the seed pods from mesquite trees, called *pechitas.* Rosario processed these harvests from the desert into such foods as mesquite flour for baking. The fruits and seeds were also used for making special kinds of medicinal remedies. The people of Pirtleville called Rosario "Chalita," and she was known for her ability to heal stomach problems, fevers and many other sicknesses. Following their move to Arizona, Rosario took some medical courses to become a certified midwife (*partera*) and healer (*curandera*). Many families respected and put faith in Chalita to help them heal and to deliver their babies.

As a young teen, Raulito helped his mother by being her English-Spanish interpreter. Sometimes he even helped when she was delivering a baby, an experience that would come in handy later in Raulito's life. There are still people today living in Southern Arizona who can say that Governor Castro's mother helped bring them or someone they know into the world.

Raulito's love of reading also started at an early age. His father always wanted him close by, to listen while Francisco read Spanish-language newspapers aloud to him. His *papá* would read stories that showed how people could improve their lives. Even though Raulito didn't think this was fair, somehow it made him feel special; like his father saw a unique talent in his son. "Sometimes our parents see things in us that we don't see in ourselves. My father had a feeling that having me there to listen to him would be good for me later; and it was," he nodded his head and smiled.

"Of course, I would rather be outside playing marbles, tops or *balero* (cup and ball) with my brothers and the neighborhood kids," he admitted. Yet, he honored his father's wishes to listen to the political news and the stories about labor and war issues in Mexico. As Raulito grew older, he became a good reader, just like his father and mother. And as an adult, he continued his love of reading, including reading the same newspapers his father shared with him and his family.

In the 1920s and 1930s, in addition to having very few books in the schools, especially in rural towns, schools implemented the practice of paddling as punishment for students. Discrimination was carried out against students who spoke Spanish; teachers did not allow anyone to speak Spanish on the school grounds. If anyone spoke it, their hands were slapped with a ruler. Sometimes, Raulito's hands became black and blue from the whacks he received. Teachers were insistent on the rule, believing this practice would make Mexican children become American faster.

Not only were children of Mexican descent not allowed to speak Spanish, they were not allowed to ride the school bus. Many had to walk four miles each way, every day, including Raulito. Often, while he was walking to school, his Anglo friends riding on the bus would wave at him. Discrimination inflicted on Raúl existed throughout his educational career and his life. One day, as a teenager, he had planned to go swim at the local YMCA with his buddies from the Douglas High School football team. He was the last one in line, about to pass through the gate, when it slammed in his face. "Mexicans can only swim here on Saturdays," he was told.

Raulito experienced so many outright and subtle acts of discrimination that he seemed to get used to them. Deep down inside, however, he knew something was not right. Discrimination never felt right; it felt dirty. He would go on to take these negative and hurtful life experiences of discrimination and turn them into feelings of courage and persistence to make a better life for himself and to help others do the same.

In 1928, when Raulito was twelve years old, his father died of lung disease, one of the well-known hazards of working in a mine. His father was only forty-two years old. Raulito's mother didn't know where their next meal would come from. When recalling this event, Governor Castro remembered asking his mother: "Will life always be so hard?"

Chapter Three
FROM RAULITO TO RAÚL

You can change all things for the better when you change yourself for the better.

—Jim Rohn

By middle school, Raulito was called Raúl by his teachers and most of his classmates. He was assigned to a class specifically for students who didn't have good grades and who didn't speak English as their first language. Raúl felt he would never be good enough to succeed in the United States because he was Mexican and spoke Spanish better than English.

Several teachers would ask him, "Why aren't you a good artist? You know, Raúl, that almost all Mexican people know how to use bright colors in beautiful ways."

What they did not know was that Raúl was born color-blind, unable to distinguish between red and green. As an adult looking back on that experience, Raúl realized these teachers were stereotyping him.

Not everyone from the same heritage is talented in the same way. Each individual person is unique, different from other members of the same culture.

One day, Mrs. Wright, his sixth-grade teacher, put her hand on his shoulder and said, "Raúl, you're a very smart boy, but you don't do your work. You're not letting your true potential shine. If you apply yourself and give it your best, you can be at the top of your class."

From that day forward Raúl was always motivated to do his best. Even on days when he had to work as his mother's interpreter and be an extra pair of hands for her in her midwife and healer duties, he would stay awake and remain focused on his assignments until he finished all of his homework. Little by little, Raúl gained more confidence. Dedicating himself to completing his schoolwork paid off. He graduated from middle school at the top of his class.

In the early 1930s, Raúl attended Douglas High School, where he played football and basketball. He also ran the half-mile and the mile relay on the high school track team. Although he was the first-string quarterback on the football team, track was his favorite sport.

Raúl's self-confidence was not the highest, but by participating in sports, studying and being encouraged by some teachers and coaches, he learned to overcome "the chip on my shoulder," as he called it, and to believe in himself. His mentors told him he could achieve whatever he set his heart and mind to. Participating in sports taught him to be a team player. One of the most important life lessons he learned from school and sports was that it is not the color of your skin that makes you a good student or a good athlete.

Living in a small Arizona border town, Raúl and his family were not able to get much information about what was happening in the rest of the United States. In 1930, there were no television news programs, computers, video games or movies in Douglas, Arizona. But that year radio came to their town.

Excitement was in the air as speakers were set up for a big local dance event. Loud music was piping in from a real radio station. Raúl and his high school friends were excited about this new experience. They danced to big band tunes coming out of those big, never-before-seen electrical boxes. The music was loud enough for everyone to hear, even over all of the commotion coming from the townspeople.

Chapter Four

YES YOU CAN! / ¡SÍ SE PUEDE!

Every strike brings me closer to the next home run.
—Babe Ruth

During his sophomore and junior years in high school, Raúl's English teacher, Mr. C.E. "Pop" Wilson, encouraged him to take a journalism class. Raúl followed the suggestion and, before long, became the editor of the school newspaper. Mr. Wilson also thought Raúl would be a good actor and suggested he join the drama club, which he did. Raúl was an outstanding student throughout his high school years.

Just before Raúl graduated, his high school principal advised him, "Even though you're an excellent student, Raúl, you'd best look for a job here in town. You won't get into college because you're Mexican. It does not matter that you speak, read and write in two languages."

Raúl was disheartened by this advice and had a hard time envisioning his future. He had always dreamt of going to college, trusting that he would somehow figure out how to pay for his studies. Now it seemed like college did not want him according to his principal.

But one day, at his after-school job, he was high on a ladder washing windows when he felt a tug on his pant leg.

"Raúl Castro?" a man from below called up. "I know all about your good grades and achievements in sports. I'm a recruiter from the Arizona State Teachers College in Flagstaff, here to offer you an athletic scholarship for football."

After work, Raúl ran home to tell his mother.

She was so proud. "This is the beginning of something really good, *m'ijo*," she told him. "You're going to make a difference in the world someday."

※ ※ ※

In 1935, Raúl began his studies to become a teacher at Teachers College in Flagstaff, now known as Northern Arizona University. Freezing temperatures and a lot of snow were the norm in Flagstaff during the winter. It was Raúl's first experience with freezing weather and it took him a lot of time to get used to it. Another big change was that he had been used to living among many Mexicans in his community, but at

Teachers College, there were only five other students of Mexican descent. He made many new friends among students of very different backgrounds. Everyone looked different and came from various places, yet they soon grew to be one big family.

Raúl's athletic scholarship did not pay for *all* of his expenses, so he still had to work. Attending college was expensive back then, and there was not as much financial assistance as there is today. Raúl started out washing dishes in the kitchen of the college cafeteria. He was good at that too, and was soon promoted to assistant cook. Then he became a waiter and got to wear a white coat and tie. One time, he was assigned to wait on the university president's table, which was a big honor. He always did his best at whatever task he was assigned, because he knew it would help him move forward in life. Besides, every job was an opportunity to learn something new.

Raúl's football scholarship was for four years. In addition to football, he also ran track in college, which helped him stay in good shape year-round. As a sophomore, Raúl made the varsity football team, but he soon realized that because he only weighed 140 pounds, his body wasn't built to continue with such a rugged sport. His scholarship rules gave him the option to transfer to a different sport, and that is what he did. In his junior year, Raúl joined the college boxing team. Boxing was not a team sport. It was up to him and him alone to beat the other guy in the ring. And he did it, over and over again. Boxing at 5 feet 9 inches tall and 148 pounds, Raúl was undefeated, becoming the welterweight champion of the Border Conference, which included universities in Arizona, New Mexico and parts of Texas. In track, he was also the conference champion in the half-mile race.

Raúl learned more about life and gained more and more confidence throughout his college years. Along the way, several important practices helped him reach his goal of becoming a teacher: always study hard, be diligent about your schooling and complete your homework, be honest, be humble, persevere even when others discriminate against you and tell you that you cannot do something. Do your best and carry on.

In 1939, Raúl graduated from college with honors, ready to start teaching at the age of twenty-three. Raúl knew deep in his heart that he wanted most was to make a difference in young people's lives, like Mrs. Wright and others had made in his. But before he could pursue those goals, he needed to take care of some old business: become a citizen of the United States.

It had been more than twenty years since the Castro family had entered the United States as immigrants. It was time for Raúl to take citizenship classes and become a citizen of the country that was his home. The same year he graduated, 1939, he was sworn in as a US citizen at the Superior Court in

Bisbee, Arizona. This was a day Raúl would forever carry in his heart with pride and joy. "I had an intense feeling of pride," he stated, "a sense of profound responsibility and belonging. It is something deep and special that has remained with me always."

Chapter Five

THIS LAND IS YOUR LAND

Wherever you go, go with all your heart.
—Confucius

Raúl applied for many teaching jobs, thinking it would be easy to find one. It wasn't. He was continually rejected. No school system would hire him to teach anywhere, because he was Mexican American, not even in his hometown. Feeling disillusioned, Raúl left his family back in Pirtleville and hopped a train to El Paso, Texas, to see if he had better luck. But he couldn't get work in El Paso either. He rode trains all over the country looking for teaching opportunities. In a low voice, he said to me, "It's not easy to say this, but back in those days, people like me were called hobos. I didn't feel like I was doing anything wrong. I was working hard and doing what I had to do to survive; to provide for myself and help my family."

His travels away from Arizona took him northwest through San Francisco, California and Ogden, Utah.

During these trips, Raúl's education continued to expand. Because he needed to support himself, he accepted jobs as a farmworker, harvesting spinach and sugar beets. This was hard labor. Sometimes he worked twelve-hour shifts and only earned $3.50 a day.

Onboard the trains, he dressed in worn overalls with nicer clothes underneath. Once he got off the train, he would remove the overalls to look professional. He carried everything he needed in a duffle bag. When it was extra cold, he wore his college letterman sweater under his overalls. The three stripes on the sweater's sleeve indicated the number of years he had played sports on varsity teams.

As he headed back home to Arizona, he began to think of other options to earn a living. Perhaps he could earn money doing something other than teaching or picking crops. When Raúl heard about a well-paying boxing match in New York, he knew what he had to do. He traveled to New York, signed up for the match and won!

Raúl continued to find boxing matches and jumped on different trains to box around the country. After about two years of this migrant life, he was missing his family and Arizona so much. He had saved a little money and felt he had accomplished something, even if it was not as a teacher. It was time to head back home.

From New York, Raúl took a northerly route. He learned more about life, people and the world he lived in while the trains took him to unfamiliar places. In Bemidji, Minnesota, he witnessed ethnic intolerance that astonished him. Swedes and Norwegians, he discovered, discriminated against Finns. As Raúl walked the streets of Minnesota, he saw signs that read, "Don't rent to Finns" or "No Finns wanted." Stunned because Finns tended to be blonde and blue-eyed, Raúl recognized that the prejudice toward him and other brown-skinned individuals was similar, but he wondered why someone would not want to rent to Finns. He would later see that people find all kinds of reasons to hate others who are different from themselves; something that didn't make any real sense then or now.

Raúl Castro, don't feel so sorry for yourself, he thought, *they are picking on someone else here in Minnesota.*

On this trip, he began to think about discrimination and prejudice. It seemed to him that prejudice could take place for a variety of reasons, including what race or religion or gender you are, or even how and who you love. Prejudice was—and still is—hard to stop. Laws can help stop discrimination, but it's more difficult to change how people feel about others, especially those they see as different from themselves and on whom they can blame society's problems. Today, children from many backgrounds attend school together. Bullying for whatever reason–shyness, athletic ability, gender, physical, mental or learning disabilities and so many other human issues—is still a problem among people of all ages, but is most noticeable in schools.

Because of what he saw and experienced in his travels, Raúl became committed to helping reduce prejudice and discrimination. He truly wanted to make a difference and be a positive role model.

Chapter Six

PROVIDENCE

Concerning all acts of initiative and creation, there is one elementary truth—that the moment one definitely commits oneself, then providence moves too.

—Johann Wolfgang Von Goethe

In 1941, Raúl returned to Arizona to be with his family and help his mother. He wanted to find work nearby so he could contribute more money to the household and be a good role model for his younger brothers.

Being back home and still yearning to be a teacher was a challenge for Raúl. No school would hire him because he had been born in Mexico. He applied to work as a mail carrier and to work for the Federal Bureau of Investigation (FBI). He passed the federal exams with flying colors, but was never called for an interview.

Finally, he landed a job in Agua Prieta, Sonora, Mexico. It was right across the border from his hometown of Douglas, Arizona, close to Pirtleville, where Raúl lived with his family. Raúl's job was to represent the United States in the American consulate in Agua Prieta. At the consulate, Raúl had many different responsibilities. Not only was he an office worker, he was a counselor for Mexican bankers, business people and other community leaders. In his job, Raúl used both English and Spanish in professional settings. Because he had worked hard in school and life, he perfected reading, writing and speaking in both languages.

Many important people on both sides of the border got to know and respect Raúl. Although he was only twenty-five years old, he somehow knew that many of the life lessons he was learning at his job would benefit him later on. During the five years he worked at the consulate, he wrote articles for the local newspaper, the *Douglas Daily Dispatch*, about events of interest across the border.

During World War II the government asked Raúl to use his bilingual skills to spy by listening to conversations across the border in northern Mexico, just in case the enemy was organizing operations there against the United States. However, they only discovered that most of the people he spied on were just planning a night out on the town!

One of the many duties Raúl had at the consulate was to spend time in court, where he got to know lawyers from both Mexico and the United States. That experience inspired him to return to college.

Raúl wanted to make life fair for everyone in the United States of America, where he and his family were now citizens. Injustice had touched him and so many others. Perhaps he would be able do something about it. Chalita, his mother, urged him to become a lawyer. She said it would someday put him in a better position to help others. Raúl's mother was getting older, and he didn't want to leave her again, but he knew that his only sister, Enriqueta, and his nine brothers would be with her.

In August 1946, Raúl joined his friend, David Wolfe, who was headed to law school at the University of Arizona in Tucson. Despite being an American citizen with a college degree who had worked for five years at the US State Department, Raúl was denied financial assistance because of his Mexican descent. He tried everything. Then, the very moment he walked into the dean's office at the University of Arizona to ask for financial assistance, the dean received a phone call from a Spanish instructor to notify them she had gotten married and would not be returning to work. Unexpectedly, the department needed a Spanish instructor to begin the very next day. To his happy surprise, Raúl was offered the position. Was it luck or fate? He was now a university Spanish instructor. Thankfully he had some experience teaching Spanish from a time when he worked as a part-time Spanish teacher at the Douglas YWCA. Now he could afford law school, but he faced yet another stumbling block. The dean of the College of Law told Raúl that he could not attend classes if he was working. "Most Mexican students flunk out of this school if they work and take classes. So, I can't let you in," the dean said. Raúl did not let the dean's prejudice intimidate him and did not take "no" for an answer. He called the president of the university, Dr. Alfred Atkinson, and explained what had happened. Dr. Atkinson spoke to the heads of the Department of Foreign Languages and the law school to arrange for Raúl to both work and attend law school at the same time. But he warned Raúl: "If you can't keep up with your studies, you will be dismissed."

Being a full-time university Spanish instructor while attending law school was a huge challenge. Nevertheless, Raúl persisted. He graduated from law school in 1949.

On that day, Raúl thought to himself, *I only wish my father was still alive. I now realize that I became a good reader from all of the practice I had reading newspa-*

pers with him. Now, as an adult, reading newspapers in English and Spanish has become one of my favorite pastimes. Today, my father would've said, "Only in America could a poor boy from Mexico get an education and do all of the things you have done, m'ijo. I'm proud of you, *mi Raulito."*

Raúl Castro's birthplace, photo courtesy of University of Arizona Libraries, Special Collections.

The Castro extended family, photo courtesy of University of Arizona Libraries, Special Collections.

Raúl Castro, track star at Arizona State Teacher's College (NAU), photo courtesy of University of Arizona Libraries, Special Collections.

Raúl Castro speaking at a Castro for Governor campaign picnic, photo courtesy of University of Arizona Libraries, Special Collections.

Ambassador Raúl and Patricia Castro on horseback in Bolivia, photo courtesy of University of Arizona Libraries, Special Collections.

Ambassador Raúl Castro arriving in El Salvador, photo courtesy of University of Arizona Libraries, Special Collections.

Ambassador Castro bowing; Bolivia, photo courtesy of University of
Arizona Libraries, Special Collections.

Raúl Castro and Roni Capin Rivera-Ashford, photo courtesy of Paul
Cicala, Anchor/Reporter, NBC/KVOA-TV News.

Chapter Seven

HUMBLE BEGINNINGS

A journey of a thousand miles begins with one step.

—Lao Tzu

After Raúl graduated law school, another good friend, John Favour, suggested that he stay in Tucson to practice law. John insisted on lending Raúl enough money to rent a three-room house in downtown Tucson to open as his law office. This is where he began his law practice. The front room was his office, the middle was the kitchen and the back room was his bedroom. Outside the front door, he hung his sign: RAÚL H. CASTRO, ATTORNEY AT LAW, which was printed in gold leaf. It was made from an old wooden fraternity paddle John had found in the garbage, but it suited Raúl just fine.

Speaking Spanish came in handy as a lawyer in Tucson, Arizona. Raúl was able to communicate with many people who needed help. At the beginning of his career, some clients couldn't afford to pay, so instead, they brought him tortillas and tamales. One time, a woman who had immigrated from Italy paid him with a live chicken.

During lunch or dinner breaks, Raúl would eat at downtown Tucson restaurants. The waitresses knew that he was a lawyer and, while he was eating, some of them spoke to him about their problems. They would ask for legal advice and pay him with double the amount of food. As a new lawyer who didn't make much money, Raúl ate only half of his order and took the other half home for his next meal.

Although Raúl had to save money where he could, he splurged and bought his first television during the early years of black and white broadcasts. His favorite programs were the ones he could learn from, mostly news told by reporters who talked about everything that was happening around the United States and the world. Raúl was someone who empathized with all people because he knew firsthand what it was to live with prejudice and discrimination. Now, by viewing television news, he was connecting to the broader world he wanted to influence. He thought he might be able to accomplish this through his own law practice.

During Raúl's first year as a lawyer, he could not afford to hire a secretary to help him with bookkeeping, managing his court schedule and other business. Raúl had to do everything himself. He had to work long hours every day, even on weekends. After his friend David graduated from law school, he joined Raúl as a partner in the law firm. David's wife, Jean, became their secretary. The two friends partnered for almost five years, until Raúl became deputy county attorney of Pima County, Arizona, Raúl's first step into politics.

Chapter Eight

A TIME OF GROWTH

The secret to life is to focus all of your energy not on fighting the old, but on building the new.
—Socrates

In the 1950s, when Raúl was in his mid-thirties, his mother wondered if her son would ever marry. Chalita was getting older and she wanted to see her son have his own family.

Each day on his way to work, Raúl picked up his mail at the post office, then stopped at the corner drug store, which was also a café, to read his mail and enjoy a cup of coffee. One day, a beautiful woman sitting at the counter caught his eye. After that day, she was there each day when Raúl arrived with his mail. It took some time, but at last Raúl built up the courage to sit close to her and say hello. Soon, they became friends and got to know each other.

Patricia, who liked to be called Pat, was Anglo-American. That did not seem to matter to either of them. They cared about all people; their skin color and the language they spoke did not define who they were as human beings. That's what they loved about each other.

"We were color-blind in a different kind of way," they said and chuckled.

Pat worked as a Deputy US Marshal in Tucson. She was the first woman ever to hold that position. She was an independent, active woman, even in those days. Raúl and Pat had been dating for three years when Raúl asked one of his clients, a jeweler, to bring several rings to his office. The next time Pat stopped in, Raúl said, "Go ahead, *mi mariposa* [my butterfly], pick out your favorite ring."

That's how he proposed to her. And she accepted.

Pat had been married before to a young Air Force lieutenant who had been killed in the Korean War. Pat and her deceased husband had two little girls, Beth and Mary Pat. When Pat and Raúl married, they became a family of four. Raúl later said that his marriage of more than fifty years became the most significant event of his life. This union and partnership provided him stability and comfort and made Chalita very happy.

The following years brought many changes and much excitement for the Castros. In 1954, the same year that Raúl and Pat married, Raúl was elected Pima County Attorney. Raúl Castro was moving up. Nothing seemed to stop him. Sometimes Pat would help her husband with some of his most challenging cases.

His work as an attorney fueled his passion. Being Pima County Attorney and keeping his own law practice going gave Raúl lots of experience dealing with both legal and political issues. In 1958, he decided to run for Pima County Superior Court Judge. He and Pat campaigned by parading around town in a chariot lead by one of their horses.

Raúl won the election, and in January 1959, Raúl Héctor Castro was sworn in as Pima County Superior Court Judge. David Wolfe, his former partner, along with other friends and community leaders, were present. Some of them gave statements of praise, which Raúl seemed to take in nonchalantly, always keeping a sense of humility. Several of the Castro family members drove one hundred miles to Tucson from their hometown of Douglas to be present at this special swearing-in ceremony.

Raúl's mother, now seventy-eight years old, told the judge who swore him in that even though she didn't speak much English and he didn't speak much Spanish, she knew by the look in his eyes that he was saying nice things about her son.

Chapter Nine

A BEACON OF LIGHT

Give people enough guidance to make the decisions
you want them to make.

—Jimmy Johnson

Raúl served as Superior Court Judge for six years, three of those in juvenile court. Troubled youth would sometimes come with family members and their probation officer to have their case heard before Judge Castro. The judge acted more like a father than a judge. He did everything he believed was best for that young person. Many of these juveniles told him, "There's no reason for me to go to school or follow any rules. We're poor, and people discriminate against me because of my skin color. Why bother?"

Judge Castro would use this opportunity to share some of his personal stories to get their attention and hopefully help them make a positive shift: "Who do you think I am? Do you think I come from a rich, white family? I was born in Mexico. My immigrant parents were poor. My father was a miner and died of lung disease when I was twelve. I picked cactus fruit in the desert for food when I was a little boy. I did hard labor as a farmworker in the fields. But I went to school and worked hard. I became a United States citizen and I never gave up. Now I am a judge, here to help you turn your life around. You can realize your dreams. You just have to work hard and believe in yourself, just like I believe in you!" This had a positive impact, because through the years he had less juveniles appear before him more than once.

The young man who became the superintendent of schools of Charlotte, North Carolina, Jim Pughsley, was one of those troubled teens. As a twelve-year-old African American boy he appeared before Judge Castro. Jim grew up on Anita Street in the Tucson barrio. One summer day, he and his pals were running and horsing around the public swimming pool at Santa Rita Park. Jim was booted out of the pool. None too happy about the humiliation, that night Jim and his friends returned and threw garbage in the pool.

"What Judge Castro told me about getting my life in order," Jim told me, "made a huge difference in my life. That was my last time getting in trouble with the law." More than fifty years later, Jim recalls, "There he was, Judge Castro, sitting up there dressed in his black robe, which was pretty scary. He was stern, but respectful too. He could have done more than he did, but he let me have it real good, if you know what I mean. What stuck with me for so long was what he and I had in common."

Jim grew up and went on to earn three college degrees, including a PhD in education. Throughout his career, he helped others as an educator. "I have worked most of my life making a difference in the lives of young people, just like Judge Castro made in mine."

Chapter Ten

IT TAKES A VILLAGE

In every conceivable manner, the family is link to our past, bridge to our future.

—Alex Haley

Even as a judge, Raúl experienced prejudice because of his skin color. By the late 1950s, he and Pat owned and operated a horse and pony farm on their ranch. One weekend, donning his Saturday work clothes—overalls and his favorite straw *sombrero*—Raúl was painting a fence, when a US Customs and Border Patrol car pulled up. Two agents asked to see his papers, the "green card" that allowed him to live and work legally in the United States. Raúl politely told them he had neither, causing the two men to become aggressive. They were ready to arrest Raúl. They questioned whom he worked for.

"I work for the lady of the house," he replied, having been recruited by Pat to do various weekend chores around the property.

One of the agents noticed the sign, "Castro Pony Farm," and finally got it. "Wait a minute," he said. "Are you Judge Castro?"

"Yes, I am. And this is my home," replied Raúl.

The two men apologized profusely and left.

The situation might be taken as comical today, but on that day, it was disheartening to Raúl.

The Castro Pony Farm provided joyful opportunities to families in the nearby communities. Judge Castro and Pat welcomed families to enjoy the vast outdoors, ride the Shetland ponies and see some of their other animals. Judge Castro had his own favorite horse, Paloma. Pat had her special breeds of horses she trained to race and show. A miniature Sicilian donkey was also a treat for young kids to pet and ride.

"And we mustn't forget the peacocks!" reminisced Raúl. "They were given to us as a wedding gift by our neighbor, Gilbert 'Gibby' Ronstadt to keep away snakes, scorpions and other unwanted critters." Mr. Ronstadt's daughter, Linda, would become a well-known singer through her first album of traditional Mexican Mariachi music, "Canciones De Mi Padre," and would later be named the "First Lady of Rock."

Raúl was very handy, and his experience helping his mother, the healer, even paid off on the ranch. One of his ranch neighbors had a mare that was giving birth, but there were complications that could have cost the mare and her newborn foal their lives. Raúl Castro knew just how to use his hands to help deliver the foal, in spite of the dangerous complications.

Family was important to Raúl wherever he lived. Ignacio "Nacho" Castro, his nephew, recalled that Uncle Raúl was a very serious person, but he never forgot his family. "I remember when I was around twelve years old, my *tío* would transport ponies from his ranch in Tucson to Douglas, where the next generation of Castros still lived. He went the extra mile for us kids to be able to go riding, which was pretty special," said Nacho.

When Nacho was in college, he lent a hand to Uncle Raúl's political campaigns, calling people on the phone and sometimes accompanying him out of town to hand out political flyers. This experience allowed him to share special moments with his uncle, to learn about being a politician and caring for the people Raúl served, just like how he cared about his family and how Chalita cared for her community. Raúl would often share advice with Nacho, such as "Either you're a player or you're a spectator. Don't stand around on the street corner doing nothing." Nacho became a businessman who is active in his church and in his community. Today, he volunteers to help people fill out their tax forms. He remembers how the Castro family started out years ago and knows that it's important to help low-income people who may not understand how the system works, all the forms that must be filled out or the reasons they need to do this in the first place. "Many are limited in their abilities to read, and even more so anything in English, which is like a foreign language to them."

Raúl's nephew learned from his family how to be a contributing citizen for his community and the world. Role models make a big difference in one's life, whether a parent, a teacher or a famous uncle.

Chapter Eleven

A WORLD-CLASS CITIZEN

Ask not what your country can do for you—ask what you can do for your country.

—John F. Kennedy

In 1964, US President Lyndon Baines Johnson appointed Raúl Castro as United States Ambassador to El Salvador. An ambassador is the highest-ranking representative of the US president to an appointed foreign country. It is of utmost importance that the ambassador understands the role of diplomacy and be familiar with the language and customs of the peoples of the appointed country. Some of the duties include managing operations of the US Embassy in the country, promoting peace, trade and the exchange of information. An embassy is the headquarters in the capital city of a foreign country lead by one ambassador.

The president asked Raúl to change his name because it was the same name as the brother of Cuban dictator Fidel Castro and he was concerned that it would cause confusion. Raúl refused: "I'm honored to be offered the ambassadorship and I would like to honor you by accepting. However, I cannot change my name. Raúl Castro is the name my father gave me. I like it and I'm keeping it." President Johnson accepted his explanation and named him ambassador anyway.

Embarking on his new role, Raúl was sad to leave Tucson, yet excited for a new opportunity to serve his country. It would be a great adventure for him and his family. Speaking at a big farewell party in Tucson, Raúl said, "My mission will be to promote a better understanding between citizens in the Latin American countries and our great country."

During Raúl's first ambassadorship, President Johnson visited El Salvador, and the United States began to pay more attention to our neighbors to the South. Under Raúl, not only did trade with El Salvador greatly improve, the economic dealings improved with the other Central American countries, too. The former Salvadoran honorary consul in Arizona, Enrique Meléndez, remembers well Raúl's impact in El Salvador during his ambassadorship from 1964 to 1968: "Ambassador Castro contributed to the great admiration that Latin America had towards the United States. Ambassador Castro and his wonderful spouse, Patricia, loved the natural beauty of El Salvador and the warm hearts of its people. His efforts toward developing agriculture and assisting the underprivileged were, to this date, without equal in recent ambassadorial appointments."

In June of 1968, Ambassador Castro received a phone call from President Johnson's White House Chief of Staff. The president wanted to go to El Salvador the following month for a Central American summit where he could meet with all of the presidents of El Salvador, Honduras, Nicaragua, Costa Rica and Guatemala. Because some of these countries were feuding with each other, this was a difficult, almost impossible task. "My job was to make the arrangements, oversee the process and assure a positive outcome for all of those in attendance," recalled Ambassador Castro.

Ambassador Castro's contributions were so appreciated by the Salvadoran people, that he was awarded El Salvador's highest honor: a medal commemorating the leader of El Salvador's independence from Spain, José Matías Delgado, known as the father of his country.

President Johnson also saw the changes that had taken place in El Salvador and the surrounding region. He recognized Ambassador Castro's Spanish skills and knowledge of Latin American culture, along with his ability to work with people. So impressed was the president that in 1969 he asked Raúl to serve as the US Ambassador to Bolivia. Raúl accepted, but only served one year until President Richard Nixon was elected, who, like all presidents, had the ability to name a new ambassador who belonged to the same political party as the president. In this case, Raúl Castro was a Democrat, as was President Johnson; Richard Nixon was a Republican, thus he would name a Republican as ambassador to every country where the United States had an embassy.

It is a much-honored position to serve as ambassador to a country, but there are dangers as well. The change from El Salvador to Bolivia was extreme. El Salvador was the smallest and most populated country in Central America, and Bolivia was the fifth largest country in South America. "This move appeared to be a move up or a promotion, but it turned out to be a near-death experience for me and my family," Governor Castro told me with a grim look as he recalled his experience.

Living in La Paz, the capital of Bolivia, brought many new ways of doing things, including having to cook your food for a longer time because of the very high altitude. La Paz is the highest city in the world. It is 3,869 meters, which converts to 12,694 feet, above sea level.

General René Barrientos, President of Bolivia, had survived many assassination attempts by the time Ambassador Castro arrived. President Barrientos befriended and welcomed Ambassador Castro, forming a professional relationship with him. The president often invited the ambassador to accompany him on business trips. Ambassador Castro would often visit Bolivians who lived in the country by arriving on a horse. The Bolivians referred to him as the "Ambassador on Horseback."

When Raúl Castro first arrived in Bolivia, after spending months of preparation back in Washington, DC, he learned that there were political troubles, some by being caused by Cuba's Fidel Castro and some by Bolivia's armed forces. "During my time there," the governor imparted to me, "I was invited on many occasions to accompany President Barrientos on business trips, and also fishing trips. I believed I was getting to know the president better. Also, I had learned during ambassadorship training that according to protocol, what is appropriate or expected behavior is to respond positively to most any invitation from the president. The last time I accompanied him was a plane flight to dedicate the opening of a new bank on the Brazilian border, near the Amazon River. We were fortunate to make it back alive. There were major problems with the oxygen in the plane, on the way back, and the pilot and soldiers on board passed out. Luckily I had strong lungs from training and boxing at high altitudes." The president and Ambassador Castro were the only two on the 25-passenger plane that did not pass out. President Barrientos flew the plane home, but the take-off and landing brought Ambassador Castro to a firm realization. 'We were almost killed.' I told President Barrientos 'I don't want you to invite me again.' Later I realized there were forces that wanted to overthrow the government by killing the president, and he was using me as a human shield. The opposition knew if they killed me, they would have to answer to the Americans. This is why he often invited me, as a protection for himself." Consequently, on the very next trip the president made, by helicopter this time, Ambassador Castro was not with him, the helicopter crashed or exploded—depending on who is telling the story. President Barrientos was killed!

"During my time in Bolivia, our residence was bombed twice!" Ambassador Castro continued describing his and his family's experiences in Bolivia. "There were more than a handful of times where we had close calls, I mean we could've been killed; not just myself and my wife, Pat, but also our daughter, Beth, when she would come to be with us while on holiday breaks from the university."

Ambassador Castro and his family were happy to return to their home in Tucson, Arizona. As soon as the Castros stepped off the plane, local leaders were there to welcome them back. Before they could set foot in their home, they asked Raúl to run for governor of Arizona.

Chapter Twelve

SECOND CHANCES

The difference between winning and losing is most often not quitting.

—Walt Disney

Campaigns and candidates need tremendous guidance and support from people in all areas of the communities they are representing. They especially must have a campaign manager that is of strong character, creative and knowledgeable.

During the hard-fought campaign for governor, Raúl learned a great deal. He had never before taken on such a difficult and intense job as winning over a whole state. Unfortunately, in 1970, Raúl Castro lost his first bid for governor to Jack Williams. But anyone who knew Raúl Castro was sure he would never give up. Four years later, when the next election cycle came around, he ran again. This time, he enlisted the help of a very experienced campaign manager, former Senator Dennis DeConcini.

DeConcini recalls, "On weekends, I would travel with Raúl all over Arizona. One of his favorite meals throughout our travels was a good hamburger. He would always remind me not to mention to Pat that we had eaten hamburgers. I guess she wanted him to watch his weight and stay healthy.

"While we were driving around the state, we would talk to each other a lot. He was a tremendous man to talk to." The senator goes on to remember that out on the campaign trail, Raúl was very humble. "It was difficult to get him to speak about himself, about positive things he had done during his previous ambassadorships or public office positions. He wasn't one to brag."

In 1974, when Raúl was running for governor again, he reminisced back to the late 1920s, when he and some friends went to the Tenth Street Park in Douglas for free hot dogs, hamburgers and sodas. They listened to then Arizona Governor George W. P. Hunt make a campaign speech, and Raúl never forgot that Governor Hunt pointed at him and his buddies and said, "In this great state of ours, anyone can be governor. Why, even one of those little barefoot Mexican kids sitting over there could one day be governor."

Raúl Castro won the election in 1974 and became Arizona's fourteenth governor. "On January 1, 1975," Raúl recalled, "I was inaugurated as Governor of the State of Arizona. Soon after being sworn in, I received a telegram at my office. The telegram came from

Eileen Wright of Seattle, Washington, and it asked, *Are you the same Raúl Castro I had as a sixth-grade student in Douglas, Arizona?* This was an extraordinarily emotional moment for me. I called her on the phone and said, 'This is Raúl Castro, the Governor of Arizona, your former sixth-grade student. Thank you for inspiring me to always do my best.'"

As governor, Raúl Castro immediately set about working to improve the lives of the people of his beloved state. One of the first issues that faced Governor Castro was the drug trade. There was a disturbing amount of illegal drugs entering the United States. Governor Castro formed a task force, bringing together federal and state agencies to share information and coordinate strategies instead of the agencies competing with each other and working individually. Governor Castro led the way for the state legislature to pass a bill authorizing $2 million dollars a year for the Arizona Drug Control Authority, an organization that helped solidify communication among state and county agencies that did not get along with each other.

Governor Castro, however, hardly had time to create a legacy as governor. After serving two and a half years of his four-year term, President Jimmy Carter requested Raúl Castro's service at the international level once more. In November, the president asked Governor Castro to resign as governor so that he could appoint Raúl as the US Ambassador to Argentina.

"This was the most difficult decision of my life," he recalled. "I felt I was letting down all of my Arizona people, those who had worked so hard to elect the first Latino governor of their state. But when the president of the United States asks you to do something for your country, you say, 'Yes!'"

Being ambassador in Argentina brought new challenges as well as learning opportunities for Raúl. Although he had been an ambassador twice before, Argentina was different. Their president and their people were unsure of this ambassador who was Mexican American. But once they got to know him, his character and ethics and his ability to speak to them in Spanish, plus the fact that he was also fluent in Italian and Portuguese and could get by in German and French, he gained their respect.

There hasn't been another Latino governor of Arizona since 1977.

Chapter Thirteen

DREAM BIG

Go confidently in the direction of your dreams.
　　　　　　　　　　　—Henry David Thoreau

In 1980, Ambassador Castro resigned from his post in Argentina. It was becoming too difficult, dangerous and expensive. He and Pat moved back to Phoenix, Arizona, where he practiced law for another twenty years. He retired in 2000, and they moved to Nogales, Arizona, because he always felt border life was close to his heart.

Raúl continued to practice law, keeping a few clients, even after retirement. He also did not stop his involvement in public life and in his later years, advising several prospective politicians running for office. Two of them were elected: one to the US House of Representatives, Congresswoman Gabrielle Giffords; and one to the Arizona State House of Representatives, Congresswoman Catherine Miranda.

Ms. Miranda, a former teacher, remembers the special day in 2009 when she met Raúl: "The sky was sunny and the air was calm and I had just heard the news that our former governor, Raúl Castro, was going to be visiting a nearby middle school. The school was being renamed in his honor, *Raúl H. Castro Middle School*. I began thinking about how I could possibly leave my campus to go sneak a peek at this legend. I changed around my schedule for that day and found a way.

"As I arrived at the campus, I noticed a huge crowd gathering. Everybody was anxious to say a couple of words to him. I myself felt the same. I quickly made my way through the crowd and, as I approached him, I put my hand out and said, 'Good morning, Mr. Castro. It's a pleasure to meet you. It is an honor to meet the only Latino Governor to represent the State of Arizona.' He looked at me, smiled and said confidently, 'You look familiar. You will be the first Latina Governor of Arizona.' We both laughed and took a moment to really see each other with excited thoughts about the future. I thanked him for that compliment and stated again how honored I was to have finally met him. This was the beginning of many things to come in my life."

Anne Doan, a Nogales resident who headed the city's bilingual education program from 1990 to 2000 said that "He often spoke to students, teachers and paraprofessionals in Nogales, Arizona." Anne recalled that Raúl would tell Latino students: "The truth is—

and you must accept it—that you're going to have to work harder than anybody else in order to succeed."

Former Governor Raúl Castro's influence reached far and wide. He even inspired artists like me, as well as James García, an Arizona playwright. James has written many plays showing what it's like to be a Latino in present-day America. In 2012, Governor and Pat Castro were the guests of honor at Nogales High School's Ray Molera Gymnasium, sitting in the first row to view the play James wrote and produced, *American Dreamer: The Life and Times of Raúl H. Castro.*

Are you a dreamer like Governor Raúl Castro, who came to America with his family when he was two years old? Did you, or do you know someone who walked hundreds of miles to enter the United States, thinking that they would perhaps have a chance for a better life? Ask your parents about your family's history and how long your parents or ancestors have lived in the United States.

When the Castro family came to the United States from Mexico, the Dream Act did not exist. Today, children brought by their parents to the United States from another country are called "Dreamers." It is reasonably understandable that the only country "dreamers" remember growing up in, and to which they can relate, is the United States.

The intention behind the Dream Act, a piece of legislation introduced to the US Congress in 2001, was to create a pathway to citizenship for immigrant youth who were brought to the United States as children, without documentation. These young people are American in every way, except on paper. They have grown up in the United States of America and consider themselves to be American but do not have the documents to fully participate in the country they call home.

Raúl Castro's life parallels the goals of the present Dream Act. This legislation allows young, undocumented people to come out of the shadows; in other words, to work legally and live without fear of deportation. The outcomes of the Dream Act have helped drive economic growth, kept families together, promoted education and community integration, strengthened communities and helped dreamers to flourish. Raúl Castro was able to do all of this, with hard work and dedication, more than a century ago, without these rules of law. But that did not take away the discrimination that was present. And it still is.

Until the presidency of Barack Obama, Dreamers were still not provided a path to citizenship. In 2012 the Dream Act was passed with an executive order by President Obama. Now, any president after him will have the authority to halt or remove the program at any time.

Chapter Fourteen

LEAVE YOUR MARK

Legacy is not leaving something for people. It is leaving something in people.

—Peter Strople

Anne Doan became the retired governor's driver when he was in his 90s. She recounts the day in 2012 when she was driving him from Nogales to Tucson for his 96th birthday celebration. It was the middle of June in the Sonoran Desert. When they made the mandatory stop at a US Border Patrol checkpoint in Tubac, Arizona, Border Patrol agents pulled them aside after the former governor's pacemaker set off an alarm. The agents led them to a parking area in the shade, insisting they wait there because they hadn't been cleared. After keeping Governor Castro and Anne in over 100-degree heat for somewhere between 30 and 40 minutes, without offering them a drink of water or respite in an air-conditioned trailer, Anne could no longer contain herself. "This man has higher clearance than any of you do! He's the former governor of Arizona!" The episode was embarrassing for the agents and for Raúl, who, even after having been governor of the state, was subjected to discrimination because of his looks.

Raúl followed his own rhythm. He was not a fan of eating vegetables even though he knew they were good for him. "Whenever I accompanied him to meet with kids," Anne remembers, "I would ask him not to tell them about that. Since he always strove to be a good role model, he did a great job of keeping his distaste for vegetables to himself." Just as Raúl's nephew Nacho has said, Anne knew his favorite foods were beans, steak and potatoes, with salsa of course, and *cochitos* for dessert.

At 97 years old, and living in a century-old, historic, two-story house in Nogales, Arizona, Governor Castro would ride an electric elevator chair to get up and down the stairs, to and from his bedroom, for visits, meals and leisure time. One day, he was ready to go downstairs and fell from the elevator chair at the top of the stairway. He rolled all the way down the stairs, bumping and thumping. He cut his forehead and broke several ribs. Raúl was taken by helicopter from his home in Nogales to the University Medical Center Hospital in Tucson.

I went to visit him a few times while he was healing. I brought him *albóndiga* soup and his favorite *cochito* cookies. This brought a smile to his face, and I think his belly too. What a strong, amazing, good-natured man.

On one of my visits, my husband, Danny, accompanied me to the hospital. He noticed that when Raúl had to cough or laugh or sneeze, he would hug this homemade, purple heart-shaped pillow someone had brought him.

Danny asked, with pangs of pain on his face, "Ay, Governor Castro, isn't that excruciating?"

Thinking back on his past, Raúl answered, "Oh, I'm used to it. It's like being in a boxing match." And he chuckled cautiously.

In October 2014, at almost 99 years of age, former governor and US Ambassador Raúl Héctor Castro made his final trip to Tucson. He was accompanied by a personal assistant, who traveled with him from San Diego, California, where he and Pat had recently moved to be closer to their daughter, Beth, and grandson, Don Daley III. Governor Castro was in Tucson to receive a special honor: the Lifetime Achievement Award from the Tucson Hispanic Chamber of Commerce. At that event, then-Congressman Ron Barber announced a bill he had recently presented in the US Congress to rename the Douglas Port of Entry in Governor Castro's name.

Chapter Fifteen

BRIDGES OF LIFE

If we are to have peace on earth . . . our loyalties must transcend our race, our tribe, our class, and our nation; and this means we must develop a world perspective.

—Martin Luther King, Jr.

Raúl Héctor Castro passed away on April 10, 2015. Six months later, after Congressman Ron Barber was unseated, US Congressman Raúl Grijalva reintroduced the port of entry name change bill. Although he was facing a congress that could have voted against the bill, he was able to obtain a unanimous vote. The Douglas Port of Entry was renamed the Raúl Héctor Castro Port of Entry.

There were three separate memorials held in Arizona for the former Governor and three-time-US Ambassador Raúl Héctor Castro. The first was in the border town he so loved, where he lived the last quarter of his life: Nogales. The second was at the Cathedral in Tucson, where he graduated from law school, practiced as an attorney and served as county attorney and superior court judge. The third and final memorial took place at the Arizona State Capitol in Phoenix, which was attended by family, close friends and dignitaries from near and far.

Governor of Arizona, Doug Ducey, the 24th to hold the office, bid farewell to the 14th and only Latino governor of Arizona to date: "Everyone is gathered to celebrate Raúl Héctor Castro's life, not mourn his death. RHC epitomized the triumph of the human spirit. He was the American Dream. What others saw as adversity, he saw as opportunity. For Raúl, public service was not a career, but a calling."

Chief of Staff to Governor Castro, Dino DeConcini, also spoke at the memorial. He passionately reminded us that, "Raúl could be considered one of the first Dreamers. He was an incurable optimist. He once told me that for every door that had been closed in his face, there were many more doors that opened. This boy Raulito, turned man Raúl, was optimistic, intelligent, ambitious and full of grit. He loved and had faith in the United States of America—his country, this country, our country."

That day in May 2015, at the Arizona State Capitol Rotunda, mariachi music graced the capitol in his memory. His grandniece, Nacho's daughter, Frances Castro, known for her beautiful and touching voice, paid homage to her great-uncle with some special songs. Nacho was impressed by the words spoken by the ambassador from El Salvador. He said, "Ambassador Castro made our country the best it could be and I wish he could still be here."

Growing up with only one pair of shoes, Raulito did not want to wear them out while he walked four miles each way to school every day, so he would take them off and carry them. Who can fill Raúl Héctor Castro's shoes today? Will it be you? Of course, because you can do it!

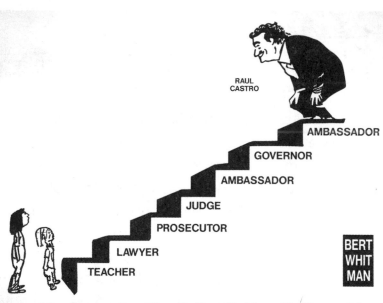

No Opportunities? Don't You Believe It!

Cartoon by Bert Whitman, courtesy of the author.

The following poem was written and read at Raúl Héctor Castro's memorial at the Arizona State Capitol in May 2015 by Alberto Álvaro Ríos, Poet Laureate of Arizona. It is included below with special permission from its author.

"The Man Who Does Not Leave Us: Raúl H. Castro"

Born in Mexico but given to the world,
Boxer, farmworker, teacher, lawyer, judge, ambassador,
    governor:
Here was a man who believed—in himself, in us,
In education, in the ultimate fairness of the world itself,
The great world, the great day, the great moment.
But what is great is also hard work, every step of the way.
Life itself was his job.
He may be gone but we are more because of him,
More of us able to read, to go to school, to use the front
    door.
He may be gone, but what he leaves matters,
And it is more than simply his name.
He bridged countries, languages, years, jobs and hearts.
He was the border and the center both.
He was quiet in his work but loud with his impact.
We have lost this man, but not what he has given.
We have no way to say thank-you
Except to live our lives with him still in it,
To thank him by doing what he, too, would have done.

Raúl H. Castro 1916-2015

RAULITO

El primer gobernador latino de Arizona

RAULITO
El primer gobernador latino de Arizona

Roni Capin Rivera-Ashford

Traducción de Gabriela Baeza Ventura

PIÑATA BOOKS
ARTE PÚBLICO PRESS
HOUSTON, TEXAS

¡Piñata Books están llenos de sorpresas!

Piñata Books
An imprint of
Arte Público Press
University of Houston
4902 Gulf Fwy, Bldg 19, Rm 100
Houston, Texas 77204-2004

Diseño de la portada de Mora Des!gn Group
Ilustración de la portada de Gary Bennett
Las fotos incluidas son cortesía de University of Arizona,
Special Collections.

Library of Congress Control Number: 2021935217

Impreso en los Estados Unidos de América
agosto 2021–octubre 2021
Versa Press, Inc., East Peoria, IL
5 4 3 2 1

ÍNDICE

RECONOCIMIENTOS

La razón por escribir este libro es la vida distinguida de Raúl H. Castro —cada paso que dio en el transcurso de su vida ha sido parte del legado que dejó; y el regalo que me dejó a mí fue la bendición para que yo escribiera este libro y compartiera esta historia contigo.

Todo escritor necesita un buen editor, o dos . . . los míos, a quienes estoy profundamente agradecida, son mi esposo y amigo del alma, Daniel Rivera Ashford, y nuestra hija, Sarah Liliana Ashford.

La escritora, editora y antigua dueña de una librería, Sheila Wilensky, agregó algunos escenarios de momentos íntimos a *Raulito* a través de entrevistas especiales. Agradezco a todos los que contribuyeron: Ignacio (Nacho) Castro; al dramaturgo James Garcia; Dr. Jim Pughsley; Congresista de Arizona Catherine Miranda; ex senador estadounidense Dennis DeConcini; Consul Emérito de El Salvador, Enrique Meléndez; y ex jefe de estado, Dino DeConcini. Anne Doan, colega, compañera de escuela, educadora y amiga fue el catalizador que dio inicio a este viaje, tal vez sin darse cuenta, como muchas veces sucede en la vida, al pre-

sentarme a Raúl Castro. Anne y yo siempre nos referimos a Raúl como "el Gobernador".

Un agradecimiento especial a Gary Bennett, ilustrador de la portada, quien compuso esta creación con toda su alma y corazón, después de esperar ocho años. Nunca dejó de creer en mí ni en *Raulito*—no se dio por vencido. Y a Anne Buzzard, ex administradora de la Universidad del Norte Arizona (NAU), quien nos presentó a mí y a Gary.

La vida del Gobernador Castro se vio inspirada por varios maestros maravillosos. Leerás sobre ellos en este libro. A través de mi vida y educación, yo también tuve varios maestros comprensivos. A veces ellos creen en nosotros cuando se nos dificulta creer en nosotros mismos y su influencia puede verse en todos los libros que he logrado publicar. Agradezco a cada uno de ellos por el impacto inigualable que han tenido en mi vida, mis maestros de toda la vida, mis padres, Harlan (sirvió en la Comisión Arizona-México y otras mesas directivas con Raúl), Dianne y Felice Capin; mis adorados suegros, Augustine López Ashford y Teresa Rivera-Ashord; mi amada abuela, Lillian Bracker Capin y mi madrina, Emma Moreno Matiella; mis queridas familias alternativas: familia Harvey y Laurie Bracker-Rebecca; Benjamín y Emma Moreno Matiella-Ana Consuelo; Irma Legleu Pierson y Emilia Carranza de Legleu-Denise; Victor y Margarita Campodónico Cordero; y Irma.

Gracias a las personas que me apoyaron desde la primaria hasta mis años en la universidad: Margaret P.

Anderson, Mollie Hildreth, Marge Hernández, David Coombs, Joe Maestas, Mary Spence. Gracias a mis fieles sabios: Adele Bracker Rosenman Essman, Midge Bracker Parker, Bernice Levy Klein, Harriette Capin Herman, George y Mickey Winard. Agradezco a mis nanas en ambos lados de la frontera: Juanita, Adela, Marianita, Coyo, Elvira, Margarita, Luis Medina, Ofelia y María Jesús. Siempre tendrán un rinconcito especial en mi corazón. A mis curanderas certificadas, quienes como Chalita, la mamá de Raulito, me han ayudado a mantener una conexión saludable de mente, cuerpo y alma sana: Dr. Jim P. Martínez, Glenda, Grendl y Peg, Sandra Morse, Stephanie Bowden, Maria Shamus, Rita Confer, Petra Barten y Claire Ostrovsky. Aquellos que creyeron en mis historias y en mis libros son: editora maravillosa y amiga Heather Knowles; Angie y Anita de R&V Books; Ramona Moreno Winner de Brainstorm 3000 y Patricia Preciado Martin, ambas son escritoras pioneras latinas en Arizona y ganadoras de muchos premios; Reynaldo y Marta Ayala de Nana's Warehouse Books; Sheryl Baker y Linda Sweeney de Delaney Educational; al profesor y galardonado autor/poeta laureado de Arizona Alberto (Tito) Ríos; al profesor, autor e ilustrador, Jay Rochlin. Por último pero no menos importante, agradezco a los administradores educacionales: Marty Cortez, Porfirio (Buddy) Islas, Rosanna Gallagher, Patti López, Rebecca Montaño y Barbara Benton Sotomayor, quienes en su propia y única forma han sido instrumentales para mi carrera profesional como maestra, traductora/intérpre-

te tanto como la de escritora; el apoyo vital de los Drs. Susan Hutton y Tom Gougeon, profesores eméritos Ramona Grijalva, Teresa Sheehan, Jo Wilkinson, Carolina Villa, Karen Liptak, Susan Simon y Majida Watkins.

Agradezco a mis dos hijos, Aaron Rivera-Ashford y Justin Daniel Ashford, quienes me enseñaron que el viaje de la vida se puede lograr de distintas formas.

Y sobre todo, mi más profundo agradecimiento al Dr. Nicolás Kanellos, Marina Tristán, Gabriela Baeza Ventura, Adelaida Mendoza y J. Oscar Polanco de Arte Público Press/Piñata Books en la Universidad de Houston, por creer en la historia de *Raulito*.

CARTA DE INTRODUCCIÓN

Cumplí 97 años el 12 de junio del 2013. Les escribo esta carta sabiendo que cuando la lean tal vez ya no estaré en este planeta. Así es que este es un mensaje que quiero dejarles.

Quizás se preguntarán ¿a quién le estoy escribiendo esto? La respuesta es a cualquier persona que se encuentre leyendo esto: niño o niña, adulto, estudiante, maestro o padre . . . tú, el lector. Lo importante es que estás aquí, leyendo y aprendiendo sobre muchas cosas. Tal vez estás aprendiendo más de un idioma, como yo. Yo sé hablar, escribir y leer en más de un idioma porque crecí hablando inglés y español con mi familia y no me di por vencido. Nunca permití que alguien me quitara mis idiomas, mi cultura o mis creencias. Yo era quien era; yo soy quien soy. Por eso he podido compartir con mucha gente por todo el mundo. Era necesario para mi trabajo, y hablar dos idiomas siempre fue divertido para disfrutar de la vida y ayudar a los demás.

Cuando leas esta historia sobre mi niñez y mi vida, sobre las personas y las cosas que me inspiraron a

siempre dar lo mejor de mí —en la escuela, en la casa, en el trabajo y hasta en el juego— espero que aprendas de mi experiencia. Esta es la clave fundamental que deseo darte para que puedas disfrutar de mucho éxito en tu vida y ayudar a otros en el camino.

Otra cosa importante que quiero dejarte, aparte de la recomendación de siempre dar lo mejor de ti, es que seas amable con los demás, sin importar de dónde vengan, el color de su piel, el idioma que hablen o a quién le recen. Cuando todos nos respetemos los unos a los otros y comprendamos que somos más similares que diferentes y aprendamos de las diferencias entre nosotros, entonces tendremos un mundo más bello y pacífico.

—*Raúl H. Castro*

PREFACIO

Conocí al gobernador Raúl Castro por primera vez cuando él estaba viviendo en Nogales, Arizona, la ciudad en donde me crié. Nuestra primera reunión la organizó una amiga en común, Anne Doan. Él estaba muy contento al ver que le había traído un regalo: dos libros bilingües infantiles que escribí sobre las tradiciones culturales del suroeste. Se los había autografiado para él.

El Gobernador Castro se comunicó conmigo a la siguiente semana y dijo, —Tus libros me trajeron muchos recuerdos de cuando yo era niño. ¿Cuándo me vas a volver a visitar? Me gustaría contarte mis historias de aquellos tiempos. También te tengo un regalo: yo escribí un libro sobre mi vida. —Le dije que volvería el próximo mes y le prometí que le llevaría sopa de albóndigas para él y su esposa Pat.

Empecé a leer su autobiografía, *Adversity Is My Angel*, mientras viajaba en un avión hacia el sur de Texas cerca del Río Grande para hablar sobre mis libros en varias escuelas de la zona. El domingo por la

mañana durante ese viaje desperté emocionada por el sueño que había tenido durante la noche. En el sueño escuché una voz poderosa que trataba de captar mi atención. La voz repetía, "¡Raulito llega a ser gobernador!" "¡Raulito llega a ser gobernador!" Quería llamar al Gobernador Castro, pero me detuve por no querer imponer en su privacidad, menos en domingo. Decidí mejor mandarle un mensaje de texto a nuestra amiga, Anne, para contarle mi sueño y pedirle que lo compartiera con el Gobernador y pedirle su autorización para escribir un libro para jóvenes sobre su vida. Ella me respondió despúes que él estaba encantado con esta noticias, —Porque siempre he querido que mi historia sea contada a los jóvenes. Quiero que ellos sepan cómo superar los desafíos. Quiero que se sientan motivados.

En los próximos meses visité a los Castro muchas veces y llegamos a conocernos como familia. A veces nos reíamos y nos preguntábamos quién estaba entrevistando a quién. Raúl estaba entusiasmado con mis entrevistas para la biografía. Disfrutaba el compartir historias que quería que los jóvenes conocieran y aprendieran de ellas para que ojalá pusieran en práctica sus enseñanzas en sus propias vidas.

A él y a Pat también les encantaba que cada vez que yo iba les llevaba sopa hecha en casa. Yo vengo de una de las familias judías pioneras en Nogales y había aprendido a hacer sopa de bolitas de matzo. A ellos les

encantaba. Me dijeron que siempre habían oído de esta sopa pero que nunca habían tenido la oportunidad de probarla.

Yo aprendí mucho sobre la vida del Gobernador Castro, de su trabajo como maestro, abogado, fiscal del condado y juez. Fue el primer gobernador latino de Arizona y el primer latino en servir a dos presidentes estadounidenses como embajador en tres países latinoamericanos. La vida de Raúl Castro es una historia estadounidense, la historia de un soñador; es un legado lleno de inspiración. Me siento honrada de que el Gobernador Castro confió en mí para escribir la biografía de su extraordinaria vida. Espero que disfruten leyendo acerca de este niño mexicano que pasó de andar buscando comida en el desierto a convertirse en un gran líder estadounidense.

—Roni Capin Rivera-Ashford

Capítulo uno

UN GRANO DE ARENA

Cuando una perla se va formando y sus capas van creciendo, empieza a brillar una gran iridiscencia. El ostión ha tomado lo que al principio era un malestar e intrusión para enriquecer su valor. ¿Cómo puedes abrigar o enmarcar los cambios en tu vida para cosechar lo bello, lo brillante y lo sabio?

—Susan C. Young

En 1974, Raúl H. Castro fue elegido gobernador de Arizona y llegó a ser el primer y único latino hasta la fecha de ejercer ese puesto. Sobrevivió la pobreza y la discriminación para lograr este alto honor. Nada en sus antecedentes lo preparó para este meteórico ascenso al poder político; sin embargo, tuvo éxito.

Se le conocía como "Raulito", el apodo de cariño que había usado desde que estaba en la primaria. —Me decían Raulito en vez de Raúl porque yo era el más pequeño de mi familia. Los hablantes de español

le agregan el diminutivo '-ito' o '-ita' a muchas palabras para darles el significado de pequeño o lindo.

El papá de Raulito, Francisco Castro, era de un pue-
blito de pescadores en Baja California. Cuando era
niño tuvo que trabajar para ganar dinero para ayudar
a su familia. Porque era un buen nadador, consiguió
trabajo como pescador de perlas. Sacaba ostiones del
fondo del mar y las traía a la orilla para extraer las perlas. El padre de Raulito trabajó con valentía y persistencia.

Rosario Acosta, la mamá de Raulito, era pequeña,
como la mayoría de las personas en su familia. Ya era
una lectora avanzada cuando estaba en tercero de primaria. El padre de Raulito siempre había querido
aprender a leer. Quería ser el mejor padre posible, y
sabía que el saber leer le ayudaría a conseguir un trabajo mejor que le permitiera ayudar con la enseñanza
de sus hijos. El ser una influencia positiva, un maestro
y modelo a seguir para sus hijos era una de las metas
principales de su vida. Rosario le enseñó a leer a Francisco después de que se casaron.

Francisco y Rosario se mudaron a Cananea en
Sonora, México, en 1916. Francisco quería un trabajo
que le diera un sueldo seguro y suficiente para proveer
para su familia, la cual estaba creciendo. Tenía la aspi-
ración y esperanza de conseguir trabajo en la mina de
Cananea que estaba en medio del desierto de Sonora,

a unas noventa millas al sur de los Estados Unidos. Allí fue donde nació Raulito, el noveno de once hijos.

Francisco trabajó en la mina de Cananea, donde el oro, la plata y el cobre eran abundantes. —Mi padre se involucró con el sindicato de mineros en su primer año de trabajo en la mina. Quería ser un líder que ayudara a eliminar las acciones injustas y discriminatorias hacia ciertos trabajadores. Notó que los mineros mexicanos no tenían los mismos privilegios que los mineros blancos, como por ejemplo agua caliente para bañarse al final de un largo y cansado día de trabajo en la mina —dijo el Gobernador Castro de manera casual.

El dueño de la mina, William C. Greene había recibido el título de coronel en 1870 después de liderar una banda de hombres en una redada indígena y lo usó con mucho orgullo el resto de su vida. Francisco fue etiquetado como un "agitador" por el poderoso Coronel Greene, quien metió al padre de Raúl a la cárcel por promover la unión de trabajadores. El Coronel Greene estaba molesto con la participación de Francisco en la organización de "Section Sixty-Five" (Sección sesenta y cinco), uno de los sindicatos de mineros que exigía ingresos justos y buenas condiciones de trabajo.

La madre de Raulito y su única hija, Enriqueta, eran los únicos miembros de su familia que iban a visitar a Francisco en la cárcel. Cada vez que iban era una experiencia espantosa. La tensión y el odio de los que estaban a cargo eran evidentes. Después de seis meses en

la cárcel, aumentó el temor de que mataran a Francisco. En una de las visitas, Enriqueta trajo información que ayudó a que lo pusieran en libertad.

En 1918, Francisco aún estaba en la cárcel. México era un país sumido en guerras. Rosario temía por la vida de su marido por toda la tensión que se estaba caldeando en el país. No se sabe cuál fue la información secreta que Enriqueta le llevó a su padre, pero esto convenció al gobierno mexicano de que lo liberaran. El trato fue que si lo dejaran en libertad, tendría que irse de México con su familia. Esta fue la oportunidad perfecta para que la familia Castro se moviera a los Estados Unidos. El gobierno mexicano soltó a Francisco, y con el resto de la familia se convirtieron en refugiados políticos. Se trasladaron de Cananea, México a Pirtleville, a cuatro millas al norte de Douglas, Arizona, en la frontera entre México y los Estados Unidos.

La familia Castro no sólo se mudó a un pueblo nuevo, también se cambiaron a otro país. Tuvieron que aprender otro idioma, el inglés, y una cultura nueva. Eventualmente, los niños llegaron a ser bilingües: hablaban, leían y escribían el español y el inglés.

Capítulo dos
ENSÉÑALE A TU HIJO A PESCAR

La educación no sólo debe enseñar a trabajar —también debe enseñar a vivir.

—W.E.B. Du Bois

La madre de Raulito, Rosario, le enseñó a cosechar y limpiar fruta del saguaro, tunas de los nopales y las vainas de los mezquites o "pechitas". Rosario procesaba estas cosechas del desierto en comestibles como la harina de mezquite. Estas frutas y semillas también se usaban para hacer ciertos tipos de remedios médicos. La gente de Pirtleville llamaba a Rosario "Chalita", y era conocida por su habilidad para sanar los problemas del estómago, las fiebres y muchas otras enfermedades. Después de su mudanza a Arizona, Rosario tomó algunos cursos médicos para certificarse como partera y curandera. Muchas familias respetaban y tenían fe en que Chalita los curara y ayudara en el nacimiento de sus bebés.

Cuando era adolescente, Raulito le ayudaba a su mamá como intérprete de inglés y español. A veces hasta le ayudaba con los partos, una habilidad que le serviría más tarde. Todavía hay personas en Douglas, Arizona, que cuentan que la madre del Gobernador Castro les ayudó a venir al mundo a ellos o a alguien que conocen.

El amor por la lectura empezó en Raulito cuando era muy pequeño. Su padre siempre quería que Raulito estuviera cerca para que lo oyera cuando leía los periódicos en español en voz alta. Su papá le leía historias que mostraban cómo era que la gente mejoraba sus vidas. Aunque Raulito no pensaba que esto era justo, de alguna forma lo hacía sentirse especial; era como si su padre viera un talento único en su hijo. —A veces nuestros padres ven cosas que nosotros, sus hijos, no vemos. Mi padre tenía la sensación de que tenerme allí escuchándolo era algo que me serviría más tarde en mi vida, y así fue —afirmó y sonrió.

—Por supuesto yo prefería estar afuera jugando a las canicas, al trompo o al balero con mis hermanos y los niños del barrio —admitió. Sin embargo, por respeto a su padre, él se quedaba escuchando las noticias políticas y las historias sobre temas de trabajo y la guerra en México que su padre le leía. Cuando Raulito creció, se convirtió en un buen lector, como su padre y su madre. Su amor por la lectura continuó hasta la adul-

tez cuando siguió leyendo los mismos periódicos que su padre compartió con él y su familia.

En los años veinte y treinta, además de tener pocos libros en las escuelas, especialmente en los pueblos rurales, las escuelas implementaban la práctica de golpear a los estudiantes con una tabla para castigarlos. Se discriminaba a los niños que hablaban español. Los maestros no permitían que nadie hablara ese idioma en el recinto escolar. Si alguien hablaba español, les pegaban en la mano con una regla. A veces, Raulito traía las manos moreteadas por los golpes que recibía. Los maestros insistían en la regla porque creían que esta práctica haría que los niños se americanizaran más pronto.

No sólo les prohibían hablar español a los niños de ascendencia mexicana, tampoco se les permitía ir en el autobús escolar para transportarlos de sus casas a la escuela. Muchos, inclusive Raulito, tenían que caminar cuatro millas de ida y vuelta todos los días. Con frecuencia, mientras Raulito caminaba a la escuela, sus amigos anglo lo saludaban con la mano desde el autobús.

La discriminación hacia Raúl estuvo presente a lo largo de su vida y carrera académica. Un día, cuando era adolescente, intentó ir a nadar a la alberca pública del YMCA local con sus compañeros del equipo de fútbol de la preparatoria Douglas High School. Él era el último en la cola y estaba a punto de entrar cuando de

repente le cerraron la puerta en la cara. —Los mexicanos sólo pueden nadar aquí los sábados —le dijeron.

Raulito sufrió tantos actos de discriminación directos y sutiles que parecía que se estaba acostumbrado a ellos. Sin embargo, en lo más profundo de su ser, él sabía que algo no estaba bien. La discriminación nunca se sentía bien; se sentía como algo sucio. Él tomó las experiencias negativas y dolorosas y las convirtió en sentimientos de valentía y persistencia para crear una vida mejor para sí mismo y para ayudar a otros a hacer lo mismo.

En 1928, cuando Raulito tenía doce años, murió su papá de una enfermedad pulmonar, uno de los riesgos de trabajar en las minas. Su padre sólo tenía cuarenta y dos años. La mamá de Raulito no tenía idea de cómo iba a alimentar a su familia. Cuando el Gobernador Castro recordó este acontecimiento, dijo que le preguntó a su madre: —¿Siempre será la vida así de dura?

Capítulo tres

DE RAULITO A RAÚL

*Podrás mejorar todas las cosas cuando te mejores
a ti mismo.*

—Jim Rohn

Ya para el sexto grado a Raulito ya lo llamaban
"Raúl" los maestros y la mayoría de sus compañeros.
Lo pusieron en una clase especial para estudiantes que
no sacaban buenas notas y que no hablaban inglés
como primer idioma. Raúl sentía que nunca iba a ser lo
suficientemente bueno como para tener éxito en los
Estados Unidos porque era mexicano y hablaba el
español mejor que el inglés.

Varios de sus maestros le preguntaban —¿Por qué
no eres buen artista, Raúl? Tú sabes bien que la mayoría de los mexicanos saben cómo usar los colores bri-
llantes para hacer lindos dibujos.

Lo que no sabían era que Raúl era daltónico; es
decir, no podía distinguir entre el rojo y el verde. De
adulto, al recordar esta experiencia, Raúl se dio cuenta

que los maestros lo estaban estereotipando. No todas las personas que tienen la misma herencia tienen los mismos talentos. Cada individuo es único, diferente a otros miembros de la misma cultura.

Un día, la señora Wright, su maestra de sexto año, puso la mano sobre su hombro y le dijo —Raúl, eres un niño muy inteligente, pero no haces tu trabajo. No estás permitiendo que brille tu potencial. Si te aplicas y das lo mejor de ti, podrás ser el líder de tu clase.

Desde ese día en adelante, Raúl siempre estuvo motivado para dar lo mejor de sí. Hasta en los días cuando tenía que trabajar como intérprete para su mamá y ayudarla en su trabajo como partera y curandera, Raúl se quedaba despierto y enfocado en sus tareas hasta el final. Poco a poco fue ganando confianza en sí mismo. Su dedicación a las tareas tuvo buenos resultados. Se graduó de la secundaria como líder de su clase.

A principios de los años treinta, Raúl asistió a la preparatoria Douglas High School, en donde jugó fútbol y baloncesto. También participó en el equipo de atletismo corriendo la carrera de media milla y la de relevos de una milla. Aunque era el *quarterback* del equipo de fútbol, el atletismo era su deporte favorito.

Raúl tampoco tenía mucha confianza en sí mismo, pero con la participación en los deportes, el estudio y el apoyo de algunos maestros y entrenadores, aprendió a deshacer esa inseguridad y creer en sí mismo. Sus

mentores le dijeron que él tenía la capacidad de hacer cualquier cosa que se propusiera de mente y corazón. El participar en los deportes le enseñó a trabajar en equipo. Una de las lecciones de vida más importantes que Raúl aprendió en la escuela y en los deportes fue que el color de la piel no determina si uno es buen estudiante o atleta.

Al vivir en el pequeño pueblo fronterizo de Arizona, Raúl y su familia no tenían acceso a mucha información de lo que estaba pasando en el resto de los Estados Unidos. En 1930 no había noticieros en la televisión, computadoras, videojuegos o películas. Pero la radio llegó a su pueblo ese año.

Había mucho regocijo en el ambiente cuando instalaron las bocinas en la ciudad para un gran baile. La fuerte música chillaba desde una estación de radio de verdad. Raúl y sus amigos estaban emocionados de vivir esta nueva experiencia. Bailaron al ritmo de las canciones de *big band* que salían de esas grandes cajas eléctricas que nunca antes habían visto. Emitían un ruido lo suficientemente fuerte como para que todos lo oyeran, incluso aún con toda la conmoción de la gente del pueblo.

Capítulo cuatro

¡SÍ SE PUEDE!

Cada strike *me acerca más al próximo jonrón.*
—Babe Ruth

Durante los décimo y onceavo años de preparatoria, el maestro de inglés de Raúl, el señor C.E. "Pop" Wilson, lo animó a que tomara clases de periodismo. Raúl aceptó la recomendación y, en poco tiempo, se convirtió en el editor del periódico de la escuela. El señor Wilson también le enseñó a ser un buen actor y le sugirió que se hiciera miembro del club de drama, lo cual hizo. Raúl fue un estudiante sobresaliente en la preparatoria.

Justo antes de que Raúl se graduara, el director de su escuela le dijo —Aunque eres un excelente estudiante, Raúl, es mejor que busques un trabajo aquí en el pueblo. No vas a poder entrar a la universidad porque eres mexicano. No importa que hables, escribas y leas dos idiomas.

Raúl quedó sorprendido con este consejo y batalló mucho para imaginar su futuro. Siempre había soñado en ir a la universidad y confiaba en que de alguna forma encontraría cómo pagar sus estudios. Ahora, con lo que le había dicho el director, parecía que la universidad no lo quería a él.

Pero un día, en su trabajo después de escuela, cuando estaba trepado en lo alto de una escalera lavando ventanas, sintió un jalón en la pierna del pantalón.

—¿Raúl Castro? —le dijo un hombre—. Me he informado de tus buenas notas y éxito en los deportes. Estoy reclutando estudiantes para el Arizona State Teachers College en Flagstaff, y he venido a ofrecerte una beca para jugar fútbol.

Después del trabajo, Raúl corrió a casa para contárselo a su mamá.

Estaba muy orgullosa. —Es el principio de algo muy bueno, m'ijo —le dijo—. Tú vas a hacer una gran diferencia en el mundo un día.

⫸ ⫸ ⫸

En 1935, Raúl empezó sus estudios para maestro en Arizona State Teachers College, ahora conocido como Northern Arizona University. Las temperaturas bajo cero y la nieve eran la norma en Flagstaff durante el invierno. Ésta era la primera experiencia de Raúl con un clima frío, y le tomó mucho tiempo acostumbrarse a él. Otro gran cambio era que él estaba acostumbrado

a vivir entre muchos mexicanos, pero en el Teachers College había sólo cinco estudiantes de ascendencia mexicana. Hizo muchos amigos de distintos orígenes, y aunque todos tenían diferentes parecidos y venían de distintos lugares, pronto se convirtieron en una gran familia.

La beca de fútbol no cubría todos sus gastos, así es que tenía que trabajar. El asistir a la universidad era muy costoso entonces, y no había tanta ayuda financiera como ahora. Raúl empezó lavando trastes en la cocina de la cafetería de la escuela. Era muy bueno en eso y pronto recibió un acenso a asistente de cocinero. Después trabajó de camarero y tenía que usar un saco blanco y una corbata. Una vez le asignaron la mesa del presidente de la universidad, lo cual era un gran honor. Siempre daba lo mejor de sí en todas las tareas que le asignaran porque sabía que eso le ayudaría a avanzar hacia sus metas. Además, cada trabajo era una oportunidad para aprender algo nuevo.

La beca de fútbol era para cuatro años. Además de participar en el equipo de fútbol también participaba en atletismo, lo cual le permitía mantenerse en forma todo el año. En su segundo año en la universidad logró ser miembro del equipo de fútbol de primera línea, pero pronto se dio cuenta de que como sólo pesaba 140 libras, su cuerpo no estaba hecho para continuar en un deporte tan brutal. Las reglas de la beca indicaban que podía transferirse a otro deporte, y eso fue lo

que hizo. En el tercer año, Raúl se hizo miembro del equipo de boxeo. El boxeo no era un deporte de equipo; él solito tendría la responsabilidad de ganarle a su contrincante en el ring. Raúl lo hizo una y otra vez. Boxeó invicto pesando 148 libras y midiendo 5 pies y 9 pulgadas, y se convirtió en el campeón de peso pluma en la Conferencia Fronteriza, la cual incluía a las universidades de Arizona, Nuevo México y Texas. En el atletismo también fue campeón de la conferencia en la carrera de la media milla.

Raúl aprendió más sobre la vida y ganó más autoconfianza a través de sus años en la universidad. A lo largo del camino hubo varias lecciones importantes que le ayudaron a lograr su objetivo de ser maestro: estudiar mucho, ser oficioso con los estudios y terminar la tarea, ser honesto, ser humilde y no darse por vencido cuando otros lo discriminen o le digan que no se puede hacer algo. Haz lo mejor que puedas y sigue adelante.

En 1939, a la edad de veintitrés años, Raúl se graduó de la universidad con honores y estaba listo para empezar a enseñar. Raúl sabía en el fondo de su corazón que lo que más quería era hacer una diferencia en la vida de los jóvenes, como la señora Wright y los otros maestros la habían hecho en la de él. Pero antes de que pudiera seguir esas metas, necesitaba encargarse de algo: hacerse ciudadano de los Estados Unidos.

Habían pasado más de veinte años desde que la familia Castro había llegado a los Estados Unidos como

inmigrantes. Ya era hora de que Raúl tomara las clases de ciudadanía para hacerse ciudadano del país que ahora era su hogar. Después de poco tiempo, en 1939, tomó el juramento como ciudadano en el tribunal superior de Bisbee, Arizona. Este sería el día que Raúl siempre llevaría en su corazón con orgullo y felicidad.

—Sentí un intenso orgullo, —dijo— un sentido de responsabilidad y de pertenencia profundo. Es algo tan especial que quedó conmigo para siempre.

Capítulo cinco

ESTA TIERRA ES TU TIERRA

Adonde quiera que vayas, ve con todo tu corazón.
—Confucio

Raúl solicitó varios puestos de maestro pensando que le sería fácil conseguir uno de ellos, pero no fue así. Lo rechazaron una y otra vez. Ningún distrito escolar lo contrató, ni siquiera el de su propia ciudad, porque era méxico-americano. Desilusionado, Raúl dejó a su familia en Pirtleville y se subió a un tren rumbo a El Paso, Texas, para ver si tenía mejor suerte. Pero tampoco encontró trabajo en El Paso. Viajó en trenes por todo el país en busca de trabajo como maestro. En voz bajita, me dijo —No es fácil decirle esto, pero en aquellos tiempos, a las personas como yo nos llamaban "vagos". Yo no sentía que estaba haciendo algo malo. Estaba trabajando duro y haciendo lo que fuera para sobrevivir; para sostenerme y proveer para mi familia.

Sus viajes lo llevaron al oeste hasta San Francisco, California, pasando por Ogden, Utah. Durante estos

viajes, la educación de Raúl continuó expandiendo. Porque tenía que encontrar la forma de sostenerse a sí mismo, aceptó trabajo como campesino agrícola, cosechando espinacas y betabeles. El trabajo era difícil. A veces tenía que trabajar jornadas de doce horas por sólo $3.50 al día.

En los trenes se vestía con unos overoles gastados sobre ropa de vestir. Cuando se bajaba del tren, se quitaba los overoles para lucir profesional. Tenía todo lo que necesitaba en una bolsa de lona. Cuando hacía mucho frío, se ponía el suéter de su universidad sobre los overoles. Las tres líneas en la manga del suéter indicaban el número de años que había participado en los equipos deportivos de primera línea.

Cuando iba de vuelta a casa en Arizona, empezó a considerar otras opciones para ganar el sustento. ¿Tal vez podría hacer dinero desempeñando otro trabajo que no fuera de maestro o campesino agrícola? Cuando Raúl supo que habría una pelea de boxeo en Nueva York que pagaba muy bien, decidió lo que tenía que hacer. Viajó a Nueva York, se apuntó para la pelea y ¡ganó!

Raúl continuó buscando otras peleas y montándose en distintos trenes por todo el país para boxear. Después de dos años de esta vida migrante, extrañaba mucho a su familia y Arizona. Había ahorrado un poco de dinero y sentía que había logrado algo, aunque no fuera como maestro. Ya era hora de volver a casa.

Raúl tomó la ruta norteña desde Nueva York. Aprendió mucho sobre la vida, la gente y el mundo en los trenes que lo llevaron a lugares desconocidos. En Bemidji, Minnesota, fue testigo de la intolerancia étnica, y esto lo dejó sorprendido. Descubrió que los suecos y los noruegas discriminaban contra los finlandeses. Mientras Raúl caminaba por las calles de Minnesota, miraba anuncios que leían, "No se renta a los finlandeses" o "No se aceptan finlandeses". Estaba sorprendido porque los finlandeses tendían a ser rubios y de ojos azules. Raúl entendió que el prejuicio hacia él y las demás personas de color café era similar, pero se preguntaba por qué no querían alquilar a los finlandeses. Más tarde se daría cuenta que la gente encuentra todo tipo de razones para odiar a las personas que son diferentes a ellos —algo que no tenía ningún sentido ni entonces ni ahora tampoco.

"Raúl Castro, deja de tenerte lástima", pensó, "están atacando a alguien por no ser de Minnesota".

En este viaje, él empezó a pensar acerca de la discriminación y el prejuicio. Le parecía que el prejuicio podía existir por una variedad de razones, entre ellas la raza o la religión o el género, o hasta por cómo y a quién amas. El prejuicio era —y sigue siendo— difícil de detener. Las leyes pueden detener la discriminación, pero es más difícil cambiar lo que la gente siente sobre los demás, especialmente cuando ellos consideran que los que son diferentes a ellos son culpables de los problemas de la

sociedad. Hoy, los niños de distintos orígenes asisten juntos a las escuelas. El abuso, por cualquier razón —timidez, destreza atlética, género, discapacidades físicas, mentales o de aprendizaje y tantos otros asuntos humanos— aún es un problema entre la gente de todas las edades, pero es más notable en las escuelas.

Por lo que vio y lo que vivió en sus viajes, Raúl decidió comprometerse a ayudar a reducir el prejuicio y la discriminación. Él sinceramente deseaba hacer todo lo posible para crear una diferencia y ser un modelo a seguir.

Capítulo seis

PROVIDENCIA

Sobre todo acto de iniciativa y creación sólo hay una verdad elemental —el momento en que uno se compromete firmemente, la providencia también se mueve.

—Johann Wolfgang Von Goethe

En 1941, Raúl regresó a Arizona para estar con su familia y ayudar a su madre. Quería encontrar trabajo cerca de ella, contribuir dinero al hogar y ser un buen modelo a seguir para sus hermanos menores.

El volver a casa y el deseo de ser maestro fue un desafío para Raúl. No había escuela que lo contratara porque había nacido en México. Solicitó empleo como cartero y como empleado del FBI (Oficina Federal de Investigación). Pasó los exámenes con éxito, pero nunca lo llamaron para una entrevista.

Finalmente consiguió un trabajo en Agua Prieta, Sonora, México, ciudad fronteriza al otro lado de Douglas, Arizona, cerca de Pirtleville. El trabajo en el consu-

lado americano le daba a Raúl una variedad de responsabilidades. No sólo tenía que trabajar como oficinista,
también sería consejero para los banqueros mexicanos,
los comerciantes y otros líderes de la comunidad. En su
trabajo, Raúl usaba tanto el inglés como el español pro-
fesionalmente. Como había trabajado tanto en sus
estudios y en su vida, había logrado perfeccionar su lectura y escritura, y hablaba ambos idiomas como una
persona nativa.

Muchas personas importantes, en ambos lados de
la frontera, tuvieron la oportunidad de conocer y respe-
tar a Raúl. Aunque sólo tenía veinticinco años, de alguna forma sabía que muchas de las lecciones de vida que
estaba adquiriendo en su trabajo le traerían muchos
beneficios. En los cinco años que trabajó en el consulado, escribió artículos para el periódico local, *Douglas
Daily Dispatch* sobre eventos de interés del otro lado
de la frontera.

Durante la Segunda Guerra Mundial, el gobierno le
pidió a Raúl que usara sus destrezas bilingües para
espiar conversaciones al otro lado de la frontera en el
norte de México, en caso de que el enemigo estuviera
planeando un operativo contra los Estados Unidos. Sin
embargo, descubrieron que la mayoría de la gente a la
que espiaron sólo estaba ¡haciendo planes para salir a
divertirse!

Una de las muchas tareas que Raúl tenía que
desempeñar en el consulado era pasar tiempo en la

corte, o el tribunal de leyes, donde conoció a abogados de México y de los Estados Unidos. Esa experiencia lo inspiró a volver a la universidad.

La mamá de Raúl, Chalita, estaba envejeciendo y él ya no quería volver a dejarla sola, aunque sabía que su única hermana, Enriqueta, y sus nueve hermanos, la acompañarían. Chalita le insistió que estudiara para ser abogado. Le dijo que eso le permitiría estar en una mejor posición para ayudar a otros. Raúl quería darle a todos la oportunidad de tener una vida justa en los Estados Unidos de América, donde él y su familia ahora eran ciudadanos. Las injusticias lo habían afectado a él y a muchos otros. ¿Podría hacer algo para combatir esas injusticias?

En agosto de 1946, Raúl se unió a su amigo David Wolfe, quien iba rumbo a la escuela de derecho de la Universidad de Arizona en Tucsón. Aunque era ciudadano estadounidense con una carrera universitaria y había trabajado por cinco años en un departamento de estado de los Estados Unidos, a Raúl le negaron asistencia financiera porque era de ascendencia mexicana. Lo intentó todo. ¿Sería su suerte o su destino? Al mismo momento en el que entró a la oficina del decano de la Universidad de Arizona para pedir ayuda financiera, el decano recibió una llamada de una instructora de español para notificarle que se iba a casar y que no volvería a su puesto. De un momento a otro, el departamento necesitaba un instructor de español

que empezara de inmediato. Le ofrecieron el puesto a Raúl, una sorpresa grata. Ahora era instructor de español en la universidad. Por suerte, Raúl tenía experiencia enseñando español cuando había trabajado como maestro de español a medio tiempo en el YWCA de Douglas.

Ahora ya podía pagar la escuela de leyes, pero enfrentaba otro obstáculo. El decano de la Facultad de Derecho le informó que no podía asistir a la escuela si estaba trabajando. —La mayoría de los estudiantes mexicanos deja de trabajar para tomar clases. Así es que no te puedo aceptar en el programa —dijo el decano. Raúl no dejó que el prejuicio del decano lo intimidara y no aceptó el rechazo. Llamó al presidente de la universidad, al Dr. Alfred Atkinson, y le explicó lo sucedido. El Dr. Atkinson habló con los jefes del Departamento de Idiomas Extranjeros y la Facultad de Derecho para llegar a un acuerdo que le permitiera a Raúl trabajar y asistir a sus clases al mismo tiempo. Pero le advirtió a Raúl —Si no te mantienes al tanto con tus estudios, serás despedido de inmediato.

El ser instructor de español de tiempo completo mientras asistía a la escuela de leyes era un gran desafío. Sin embargo, Raúl insistió. Se graduó de la escuela de leyes en 1949.

Ese día, Raúl se dijo —Me hubiera gustado que mi padre estuviera vivo. Ahora me doy cuenta de que me hice buen lector gracias a toda la práctica que tuve

leyendo los periódicos con él. Ahora, como adulto, el leer periódicos en inglés y en español se ha convertido en uno de mis pasatiempos favoritos. Hoy, mi padre habría dicho —Sólo en los Estados Unidos puede un niño mexicano pobre recibir una educación y hacer todas las cosas que has hecho, m'ijo. Estoy orgulloso de ti, mi Raulito.

El lugar del nacimiento de Raúl Castro, la foto es impresa por cortesía de University of Arizona Libraries, Special Collections.

La familia extendida de Raúl Castro, la foto es impresa por cortesía de University of Arizona Libraries, Special Collections.

Raúl Castro, Estrella del equipo de atletismo de Arizona State Teachers College (NAU), la foto es impresa por cortesía de University of Arizona Libraries, Special Collections.

Raúl Castro hablando en un día de campo de la campaña Castro for Governor, la foto es impresa por cortesía de University of Arizona Libraries, Special Collections.

Embajador Raúl y Patricia Castro montados a caballo en Bolivia, la foto es impresa por cortesía de University of Arizona Libraries, Special Collections.

Embajador Raúl Castro en su llegada a El Salvador, la foto es impresa por cortesía de University of Arizona Libraries, Special Collections.

Embajador Castro haciendo una reverencia; Bolivia, la foto es impresa por cortesía de University of Arizona Libraries, Special Collections.

Raúl Castro y Roni Capin Rivera-Ashford, la foto es impresa por cortesía de Paul Cicala, presentador/reportero, NBC/KVOA-TV News.

Capítulo siete

PRINCIPIOS HUMILDES

Un viaje de mil millas empieza con un solo paso.

—Lao Tzu

Cuando Raúl se graduó de la Facultad de Derecho, otro buen amigo, John Favour, le sugirió que se quedara en Tucsón para ejercer la abogacía. John insistió en prestarle a Raúl suficiente dinero para que alquilara una casa de tres cuartos en el centro de Tucsón para abrir su oficina. Allí es donde empezó su práctica. El cuarto de entrada era su oficina, el segundo la cocina y el de atrás la recámara. Afuera de la puerta de entrada colgó su letrero: RAÚL H. CASTRO, ABOGADO HABILITADO, laminado en oro. Estaba hecho con una tabla de madera de una antigua fraternidad que John había encontrado en la basura, pero a Raúl no le importó.

El hablar español le sirvió mucho como abogado en Tucsón, Arizona. Raúl podía comunicarse con mucha gente que necesitaba ayuda. Al principio de su carrera, algunos clientes no podían pagarle; así que le traían

tortillas y tamales. Una vez, una mujer quien había inmigrado de Italia le pagó con una gallina viva.

Durante el almuerzo o la cena, Raúl comía en los restaurantes del centro de Tucsón. Las meseras sabían que era abogado y, mientras estaba comiendo, algunas le contaban sus problemas. Le pedían consejos y le pagaban con lo doble de comida. Como abogado que recién empezaba, no tenía tantos ingresos; por eso Raúl sólo se comía la mitad de lo que ordenaba y se llevaba el resto para comerlo por la tarde.

Aunque Raúl tenía que ahorrar dinero como pudiera, despilfarró comprando su primer televisor en los primeros años de la transmisión en blanco y negro. Sus programas favoritos eran los que le enseñaban algo, especialmente las noticias de los reporteros que hablaban de todo lo que estaba pasando en los Estados Unidos y en el mundo. Raúl era una persona que simpatizaba con toda la gente porque sabía de primera mano lo que era vivir con el prejuicio y la discriminación. Ahora al ver las noticias en la televisión, se estaba conectando con el mundo que quería influenciar. Pensaba que podía hacer eso a través de su práctica como abogado.

Durante el primer año de abogacía, Raúl no podía contratar a una secretaria que le ayudara con la contabilidad, la supervisión del horario de la corte, etc. Raúl tenía que hacerlo todo él solo. Tenía que trabajar largas horas todos los días y hasta los fines de semana. Cuando su amigo David se graduó de la escuela de

leyes, éste se hizo socio del bufete. La esposa de David, Jean, trabajó como su secretaria. Los dos amigos trabajaron como socios por casi cinco años, hasta que Raúl se convirtió en fiscal del condado de Pima County, Arizona, el primer paso de Raúl hacia la política.

Capítulo ocho

TIEMPO DE DESAROLLO

El secreto de la vida no es enfocar toda la energía en pelear con lo antiguo, sino en edificar lo nuevo.
—Socrates

En los años cincuenta, cuando Raúl estaba a mediados de sus treinta años, Chalita se preguntaba si su hijo se casaría algún día. Ella estaba envejeciendo y quería que su hijo tuviera su propia familia.

Raúl cada día caminaba a su trabajo, recogía su correo en la oficina de correos y luego pasaba a la farmacia de la esquina, que también era un café, para leer su correspondencia y disfrutar de una taza de café. Un día le llamó la atención una mujer bella que estaba sentada en el mostrador. Después de ese día, ella siempre estaba allí cuando llegaba Raúl con su correo. Le tomó un tiempo, pero al final, Raúl se envalentonó y se sentó cerca de ella para saludarla. Pronto se hicieron amigos y se empezaron a conocer.

Patricia, a quien le gustaba que la llamaran Pat, era angloamericana. Eso no pareció importarle a ninguno de los dos. A ambos les importaba la gente; el color de su piel o el lenguaje que hablaran no los definía como seres humanos. Eso es lo que les gustaba a los dos.

—Éramos daltónicos en otro sentido —me dijeron en una entrevista mientras soltaron una risita.

Pat trabajaba como diputado mariscal de los Estados Unidos en Tucsón. Era la primera mujer en ocupar esa posición. Era una mujer independiente y activa, rara para esos tiempos. Raúl y Pat habían estado saliendo por tres años, cuando Raúl le pidió a uno de sus clientes, un joyero, que le trajera varios anillos a su oficina. La próxima vez que Pat vino a verlo, Raúl le dijo —Anda, mi mariposa, escoge el anillo que más te guste.

Así fue como le propuso matrimonio. Y ella aceptó.

Pat ya había estado casada con un teniente de las Fuerzas Aéreas que había fallecido en la Guerra de Corea. Pat y su esposo tuvieron dos hijas, Beth y Mary Pat. Cuando Pat y Raúl se casaron, se convirtieron en una familia de cuatro. Raúl después dijo que su matrimonio de cincuenta años fue el acontecimiento más significativo de su vida. Esta unión y compañía le dieron estabilidad y comodidad e hicieron muy feliz a Chalita.

Los siguientes años trajeron muchos cambios y mucha emoción a los Castro. En 1954, el mismo año en que Raúl y Pat se casaron, Raúl fue elegido como fiscal del condado de Pima. Raúl Castro estaba ascendiendo.

Parecía que nada lo detenía. A veces Pat le ayudaba a su esposo con los casos más complicados.

Su trabajo como abogado avivó su pasión. El ser fiscal del condado de Pima y el mantener su propio bufete de abogados le dio mucha experiencia en lidiar con asuntos legales y políticos. En 1958 decidió correr para juez del Tribunal Superior de Justicia del Condado de Pima. Él y Pat hicieron campaña paseándose por la ciudad en un carretón jalado por uno de sus caballos.

Raúl ganó la elección y en enero de 1959, Raúl Héctor Castro fue declarado juez del Tribunal Superior de Justicia del Condado de Pima. David Wolfe, su antiguo socio, junto con otros amigos y líderes de la comunidad, estuvieron presentes. Algunos hicieron declaraciones de halago, que Raúl pareció aceptar de manera despreocupada, siempre manteniendo un sentido de humildad. Varios miembros de la familia Castro condujeron cien millas a Tucsón, desde Douglas, para acompañarlo en la ceremonia de juramento.

La madre de Raúl, que ahora tenía setenta y ocho años, le dijo al juez que tomó el juramento que aunque ella no hablara mucho inglés y él no hablara mucho español, sabía por su mirada que estaba diciendo cosas agradables sobre su hijo.

Capítulo nueve

UN FARO DE LUZ

Dale a la gente suficiente guía para que tome las
decisiones que quieres que tomen.

—Jimmy Johnson

Raúl trabajó como juez del Tribunal Superior de
Justicia por seis años, tres de ellos en la corte juvenil.
Con frecuencia los jóvenes problemáticos se presenta-
ban con un familiar y el oficial de libertad condicional.
El Juez Castro actuaba más como papá que juez. Él
hacía todo por ayudar a esos jóvenes. Muchos de ellos
le decían —No hay razón para que yo vaya a la escuela
o que siga reglas. Somos pobres y la gente me discrimi-
na por el color de mi piel. ¿Qué más da?

El Juez Castro aprovechaba esta oportunidad para
compartir algo sobre su propia vida y así conseguir la
atención de los jóvenes para hacer un cambio positivo:
—¿Tú quién crees que soy yo? ¿Crees que vengo de
una familia rica y blanca? Nací en México. Mis padres
fueron unos inmigrantes pobres. Mi padre fue minero

y murió de una enfermedad pulmonar cuando yo tenía doce años. Coseché tunas en el desierto para comer cuando era niño. Trabajé muy duro en la siembra y la cosecha de los campos pero fui a la escuela y estudié mucho. Me hice ciudadano de los Estados Unidos y nunca me di por vencido. Ahora soy juez y estoy aquí para ayudarte a cambiar tu vida. Tú puedes realizar tus sueños. Sólo tienes que trabajar duro y creer en ti mismo, ¡así como yo creo en ti! —Esto tuvo impacto porque a través de los años disminuyó la cantidad de jóvenes que aparecieron ante él más de una vez.

El joven que se hizo superintendente de las escuelas de Charlotte, North Carolina, Jim Pughsley, fue uno de esos jóvenes problemáticos. A los doce años, este niño afroamericano se presentó ante el Juez Castro. Jim se había criado en Anita Street en un barrio de Tucsón. Un día de verano, él y sus amigos andaban corriendo, jugando en una piscina pública en el parque Santa Rita. A Jim lo corrieron de la piscina. Estaba molesto por la humillación, y por la noche, Jim y sus amigos regresaron y echaron un bote de basura en la piscina.

—Lo que me dijo el Juez Castro sobre como arreglar mi vida —me dijo Jim— hizo una gran diferencia en mi vida. Esa fue la última vez en que tuve problemas con la ley—. Más de cincuenta años después, Jim recuerda, —Allí estaba él, el Juez Castro, vestido con su túnica negra, lo cual me parecía temible. Él era serio, pero también respetuoso. Podía haberme casti-

gado más, pero me lo puso bien claro, ¿me entiende? Lo que se quedó conmigo por tanto tiempo fue que teníamos mucho en común.

Jim maduró y estudió tres carreras académicas, entre ellas un doctorado en educación. A través de su carrera, le ayudó a otros.

—Siempre he trabajado la mayoría de mi vida haciendo una diferencia en las vidas de los jóvenes, así como el Juez Castro lo hizo conmigo.

Capítulo diez

SE NECESITA UN PUEBLO

La familia, en todo sentido, nos ata al pasado y es puente al futuro.

—Alex Haley

Aún como juez, Raúl sufrió el prejuicio por el color de su piel. Para finales de los años cincuenta, él y Pat eran dueños y operaban una granja de caballos y ponis en su rancho. Un fin de semana, vestido en su ropa de trabajo —overoles y su sombrero favorito de paja— Raúl estaba pintando el cerco, cuando se le acercó una Patrulla Fronteriza. Dos agentes de inmigración le pidieron sus papeles o el *"green card"* —algo que permite que la gente extranjera viva y trabaje legalmente en los Estados Unidos. Raúl respetuosamente dijo que no tenía ninguna de las dos, lo cual hizo que los hombres se pusieran agresivos. Estaban listos para arrestarlo. Le preguntaron para quién trabajaba.

—Para la señora de la casa —respondió, habiendo sido reclutado por Pat para hacer varias tareas de fin de semana en la propiedad.

Uno de los agentes vio el letrero que decía "Granja de Ponis Castro", y al final entendió. —Espera —dijo—. ¿Es usted el Juez Castro?

—Sí, así es. Y ésta es mi casa —respondió Raúl.

Los dos hombres se deshicieron en disculpas y se alejaron.

La situación podía ser cómica ahora pero fue desalentadora para Raúl.

La Granja de Ponis Castro les traía mucha alegría a las comunidades cercanas. El Juez Castro y Pat los recibían con los brazos abiertos en el vasto terreno donde se paseaban en los ponis Shetland y visitaban a los otros animales. El Juez Castro tenía un caballo favorito, Paloma. Pat tenía una raza especial de caballos que ella entrenaba para las carreras y las exposiciones. Había un burro siciliano miniatura que los niños pequeños acariciaban y en el que se paseaban.

—¡Y no debemos olvidar los pavos reales! —recordaba Raúl—. Nuestro vecino, Gilbert 'Gibby' Ronstadt, nos los dio como regalo de boda para alejar las víboras, los escorpiones y otros bichos no deseados. —La hija de Ronstadt, Linda, sería muy famosa por su primer álbum de música mexicana de mariachi tradicional, *Canciones de mi padre* y más tarde sería nombrada como la "Primera Dama del Rock".

Raúl era muy práctico, y su experiencia ayudando a su madre, la curandera, también le fue útil en el rancho. Uno de los vecinos tenía una yegua que cuando estaba a punto de dar a luz tuvo complicaciones que le podrían haber costado la vida a ella y a su potrillo. Raúl Castro supo exactamente cómo utilizar sus manos para ayudar con el parto.

La familia era importante para Raúl, sin importar en donde viviera. Ignacio "Nacho" Castro, su sobrino, recuerda que aunque su tío Raúl era una persona muy seria, él nunca se olvidaba de su familia. —Recuerdo que cuando yo tenía doce años, mi tío transportaba ponis de su rancho en Tucsón a Douglas, donde vivían las nuevas generaciones de los Castro. Siempre ponía un poco más de esfuerzo para que nosotros, los niños, nos paseáramos en los caballos. Eso era algo bastante especial —me dijo Nacho.

Cuando Nacho estaba en la universidad, él ayudó a su tío Raúl en las campañas políticas, llamando a la gente por teléfono y a veces acompañándolo en sus viajes para distribuir volantes. Esta experiencia le permitió compartir momentos especiales con su tío, aprender sobre cómo ser un político y cuidar de la gente que lo había elegido, así como él protegió a su familia y como Chalita cuidaba a su comunidad. Raúl con frecuencia le daba consejos a Nacho. Le decía —O juegas o miras. No te quedes parado allí en la esquina sin hacer nada—. Nacho se hizo un hombre de negocios

que participaba de manera activa en la iglesia y en su comunidad. En la actualidad, trabaja de voluntario ayudando a las personas a llenar formularios de impuestos. Recuerda como fueron los inicios de la familia Castro y sabe la importancia de ayudar a la gente de bajos recursos que probablemente no entienden cómo funciona el sistema y todos los formularios que tienen que rellenar o las razones para hacer esto en primer lugar. Muchos están limitados por su alfabetismo y su falta de dominio del inglés, un idioma que no conocen.

El sobrino de Raúl aprendió a ser un ciudadano que contribuye a su familia y al mundo. Los modelos a seguir hacen la diferencia en la vida de uno, ya sea un padre, un maestro o un tío famoso.

Capítulo once

CIUDADANO DE PRIMERA CATEGORÍA

No preguntes qué puede hacer tu país por ti, sino qué puedes hacer tú por tu país.

—John F. Kennedy

En 1964, el presidente estadounidense, Lyndon Baines Johnson, escogió a Raúl Castro para embajador de los Estados Unidos en El Salvador. Un embajador representa el país ante un gobierno extranjero. Es de suma importancia que el embajador entienda el rol diplomático y que esté familiarizado con los idiomas y las costumbres de las personas del país designado. Algunas de las responsabilidades incluyen la supervisión de las operaciones de la embajada de los Estados Unidos en el país asignado, y promover la paz, el comercio y el intercambio de información. La embajada es la oficina central en la capital del país extranjero del que se encarga el embajador.

El presidente le pidió a Raúl que se cambiara el nombre porque era igual al nombre del hermano del

dictador cubano Fidel Castro y estaba preocupado de que esto causara confusión. Raúl se rehusó.

—Me honra que me haya ofrecido la embajada y me gustaría honrarlo al aceptarla. Sin embargo, no puedo cambiar mi nombre. Raúl Castro es el nombre que me dio mi padre. Me gusta y pienso dejármelo.

El Presidente Johnson aceptó esta explicación y de todos modos lo nombró embajador.

Al embarcarse en su nuevo rol como embajador, Raúl estaba triste al tener que irse de Tucsón, pero estaba emocionado con la nueva oportunidad de servir a su país en el extranjero. Iba a ser una gran aventura para él y su familia.

Cuando habló en su gran despedida en Tucsón, Raúl dijo —Mi misión será promover un mejor entendimiento entre los ciudadanos de los países latinoamericanos y nuestro gran país.

Durante el primer cargo de Raúl como embajador, el Presidente Johnson visitó El Salvador, y los Estados Unidos empezó a dedicar más atención a los vecinos al sur. Bajo este rol, no sólo aumentó el comercio con El Salvador, sino que las negociaciones económicas también mejoraron con otros países centroamericanos. El antiguo Cónsul Honorario de El Salvador en Arizona, Enrique Meléndez, recuerda muy bien el impacto que Raúl tuvo en su país durante su embajada de 1964 a 1968: —El Embajador Castro contribuyó a la gran admiración que Latinoamérica tiene hacia los Estados Unidos. Él y su maravillosa esposa, Patricia, amaban la belleza de El Salvador y tocaron el corazón de sus ciudadanos. Sus

esfuerzos hacia el desarrollo de la agricultura y ayuda a los menos privilegiados, hasta ahora, es sin igual hasta en los últimos nombramientos de embajadores.

En junio de 1968, el Embajador Castro recibió una llamada telefónica del jefe de estado en la Casa Blanca del Presidente Johnson. El presidente quería ir a El Salvador el siguiente mes para asistir a la Cumbre Centroamericana donde se encontraría con los presidentes de El Salvador, Honduras, Nicaragua, Costa Rica y Guatemala. Algunos de los países estaban peleando unos con otros, y esto era una tarea difícil, casi imposible de lograr. —Mi trabajo era hacer los arreglos, supervisar el proceso y asegurar un desenlace positivo para todos los que asistieran —recordó el Embajador Castro.

Las contribuciones del Embajador Castro fueron apreciadas por la gente de El Salvador, tanto que le dieron el honor más alto del país: la medalla conmemorando al líder de la guerra para conseguir la independencia, José Matías Delgado, conocido como el padre de su país.

El Presidente Johnson también vio los cambios que se habían dado en El Salvador y la región alrededor del país. Reconoció que el conocimiento de español y de la cultura latinoamericana del Embajador Castro, junto con su habilidad de trabajar con la gente, eran valiosos. Estaba tan impresionado que en 1969 le pidió a Raúl que sirviera como embajador de los Estados Unidos en Bolivia. Raúl aceptó, pero sólo sirvió un año hasta que el Presidente Richard Nixon salió elegido, porque como otros presidentes, éstos tienen la oportunidad de nombrar embajadores nuevos que general-

mente pertenecen a su mismo partido político. Raúl Castro era demócrata, así como el Presidente Johnson. Richard Nixon era republicano y por lo tanto nombraría a un embajador republicano para cada país donde los Estados Unidos tenía una embajada.

Servir como embajador en un país es un puesto de mucho honor, pero también hay peligros. El cambio de El Salvador a Bolivia fue intenso. El Salvador es el país más pequeño pero con más población de Centroamérica, y Bolivia es el quinto país más grande en Sudamérica.

—Este cambio que parecía ser más un ascenso o promoción, resultó casi en la muerte mía y la de mi familia— me dijo el Gobernador Castro, con una mirada seria al recordar la experiencia.

El vivir en La Paz, la capital de Bolivia, le trajo muchas otras formas de hacer las cosas, entre ellas el tener que cocinar la comida por más tiempo por la gran altitud. La Paz es una de las ciudades más altas del mundo. Está a 3,869 metros o 12,594 pies por encima del mar.

El General René Barrientos, presidente de Bolivia, ya había sobrevivido muchos atentados de asesinato cuando llegó el Embajador Castro. El Presidente Barrientos se hizo amigo del Embajador Castro, le dio la bienvenida al país y formó una relación profesional con él. El presidente muchas veces invitaba al embajador para que lo acompañara. El Embajador Castro con frecuencia visitaba a los bolivianos que vivían en el campo y llegaba montado a caballo. Los bolivianos se referían a él como el "Embajador a Caballo".

Cuando Raúl Castro llegó a Bolivia, después de pasar meses preparándose en Washington, DC, supo que había problemas políticos, algunos causados por Fidel Castro en Cuba y algunos por los miembros de las fuerzas armadas de Bolivia.

—Durante mi tiempo allí —dijo el gobernador— me invitaron en muchas ocasiones a acompañar al presidente en los viajes de negocio, y también en los viajes de pesca. Pensé que estaba conociendo más al presidente. También había aprendido durante el entrenamiento para el puesto de embajador que para acordar el protocolo, un comportamiento apropiado o esperado era el responder de forma positiva a cualquier invitación del presidente. La última vez que lo acompañé fue cuando viajamos en avión a la frontera de Brasil, cerca del Río Amazonas, para dedicar la apertura de un nuevo banco. Fuimos afortunados de volver con vida. De regreso hubo problemas grandes con el oxígeno en el avión y el piloto y los soldados a bordo se desmayaron. Por suerte, yo tenía los pulmones fuertes por mi entrenamiento en el boxeo en la altitud.

El presidente y el Embajador Castro fueron los únicos dos pasajeros en el vuelo de 25 personas que no se desmayaron. El Presidente Barrientos piloteó el avión de vuelta a casa, pero el despegue y el aterrizaje le hizo al Embajador Castro darse cuenta de la realidad peligrosa.

Cuando aterrizaron, le dijo al Presidente Barrientos —Estuvimos a punto de morir. No quiero que me vuelva a invitar.

El Gobernador Castro agregó que más tarde se dio cuenta de que había fuerzas que querían derrocar el gobierno y matar al presidente. Y supo que el presidente lo estaba usando para protegerse a sí mismo. Luego, en el próximo viaje que hizo el presidente, por helicóptero esta vez, el Embajador Castro no lo acompañó. El helicóptero chocó o se explotó. ¡El Presidente Barrientos murió!

—¡Bombardearon nuestra casa dos veces durante mi estadía en Bolivia! —continuó el Embajador Castro describiendo la experiencia de él y su familia en ese país. —Hubo más de un montón de veces cuando estuvimos a punto de morir. No sólo yo y mi esposa, Pat, sino también nuestra hija, Beth, ya que nos acompañaba cuando estaba de vacaciones de la universidad.

El Embajador Castro y su familia estaban felices de estar de vuelta en su casa en Tucsón, Arizona. Tan pronto como los Castro pusieron pie en Arizona, los líderes locales estaban allí para darles la bienvenida. Antes de entrar en su casa, le pidieron a Raúl que corriera para gobernador del estado.

—Recordando la campaña, el Senador DeConcini dijo—, Raúl era muy humilde. Le era difícil hablar sobre sí mismo, sobre el bien que había hecho en los antiguos puestos como embajador o los cargos públicos. No le gustaba presumir.

Capítulo doce

SEGUNDAS OPORTUNIDADES

La diferencia entre ganar y perder, con frecuencia, es no darse por vencido.

—Walt Disney

Los candidatos y las campañas necesitan tremenda guía y apoyo de la gente en todas las áreas de las comunidades que representan. Específicamente necesitan un supervisor de campaña que sea fuerte de carácter, creativo y sabio.

Durante la ardua lucha en la campaña para gobernador, Raúl aprendió mucho. Nunca antes había enfrentado un trabajo más difícil e intenso que el de ganarse a todo un estado. Desafortunadamente, Raúl Castro perdió su primera campaña para gobernador en 1970 contra Jack Williams. Pero cualquier persona que conocía a Raúl Castro sabía que él nunca se daba por vencido. Cuatro años después, se presentó de nuevo en la elección. Esta vez consiguió la ayuda de un director de campaña con mucha experiencia, el antiguo Senador Dennis DeConcini.

DeConcini recuerda que —Los fines de semana viajaba con Raúl por todo Arizona. Una de sus comidas favoritas en esos viajes era una buena hamburguesa. Siempre me pedía que no le dijera a Pat lo que habíamos comido. Supongo que ella quería que cuidara su peso y que se mantuviera sano.

—Mientras estábamos manejando por todo el estado, platicábamos mucho. Era un hombre tremendo para conversar.

En 1974, durante la campaña de Raúl para gobernador por segunda vez, recordó los años veinte, cuando él y algunos amigos fueron al parque en la calle diez en Douglas para comer perros calientes, hamburguesas y sodas. Oyeron al gobernador de Arizona, George W.P. Hunt dar un discurso de campaña, y Raúl nunca olvidó que éste lo señaló con la mano a él y a sus compañeros, diciendo —En este gran estado nuestro, cualquier persona puede ser gobernador. Miren, hasta uno de esos niños mexicanos descalzos que están sentados allá podrá llegar a ser gobernador algún día.

Raúl Castro ganó la elección en 1974 y se convirtió en el gobernador número 14.

—El 1 de enero de 1975 —recordaba Raúl— me envistieron como gobernador del Estado de Arizona. Poco después del juramento recibí un telegrama en mi oficina. Era de Eileen Wright de Seattle, Washington y me preguntaba, '¿Eres el mismo Raúl Castro que tuve como estudiante de sexto año en Douglas, Arizona?'

Este fue un momento extraordinariamente emocionante para mí. La llamé por teléfono y dije, 'Sí, soy Raúl Castro, el gobernador de Arizona, su antiguo estudiante de sexto. Gracias por motivarme a dar lo mejor de mí'.

Como gobernador, Raúl Castro inmediatamente se puso a trabajar para mejorar las vidas de las personas en su querido estado. Uno de los primeros problemas que enfrentó fue el tráfico de drogas. Había una alarmante cantidad de drogas ilícitas entrando a los Estados Unidos. El Gobernador Castro formó un cuerpo especial que unió a agencias federales y estatales para compartir información y coordinar estrategias en vez de dejar que las agencias compitieran las unas con las otras y trabajaran de manera independiente. El Gobernador Castro lideró el camino para que la legislatura estatal pasara una ley que autorizara que la Arizona Drug Control Authority tuviera acceso a $2 millones de dólares al año. Esta organización ayudó a consolidar la comunicación entre agencias estatales y locales que antes no se llevaban bien entre ellas.

Sin embargo, el Gobernador Castro tuvo muy poco tiempo para crear un legado como gobernador. Después de servir dos años y medio de sus cuatro años, el Presidente Jimmy Carter le pidió que ayudara a nivel internacional otra vez. El presidente le pidió que renunciara su puesto de gobernador para que lo pudiera nombrar embajador de los Estados Unidos en Argentina en noviembre de 1977.

—Fue la decisión más difícil de mi vida —recordó Raúl—. Sentía que estaba abandonando a mi gente en Arizona, a aquellos que habían trabajado tan duro para elegir al primer gobernador latino del estado. Pero cuando el presidente de los Estados Unidos te pide que hagas algo por el país, tú respondes, ¡Sí!

El ser embajador en Argentina le trajo a Raúl nuevos desafíos así como oportunidades para aprender. Aunque ya había sido embajador dos veces antes, Argentina era diferente. El presidente y su gente no estaban muy convencidos de tener un embajador méxico-americano. Pero cuando lo conocieron más, su carácter y ética, y su habilidad para hablar español, además de que hablaba italiano y portugués y que entendía alemán y francés, lo aceptaron y lo respetaron.

Desde ese momento en 1977, no ha habido otro gobernador latino en Arizona.

Capítulo trece

SUEÑA EN GRANDE

Avanza con seguridad hacia tus sueños.

—Henry David Thoreau

En 1980, el Embajador Castro renunció su puesto en Argentina. La situación se estaba poniendo difícil, peligrosa y cara. Él y Pat regresaron a Phoenix, Arizona, donde él ejerció la profesión de abogado por otros veinte años. Se jubiló en el 2000, y de allí se mudaron a Nogales, Arizona, porque él siempre apreciaba la vida fronteriza.

Raúl siguió trabajando con clientes, hasta su jubilación. No dejó de involucrarse en la vida pública y años después asesoró a varios políticos que se estaban presentando como candidatos. Dos de ellas fueron elegidas: una a la Cámara de Representantes de los Estados Unidos, Gabrielle Giffords, y la otra a la Cámara de Representates del Estado de Arizona, Catherine Miranda.

La señora Miranda, una antigua maestra, recuerda el día especial del 2009 cuando conoció a Raúl:

—El cielo estaba soleado y no había viento. Yo acababa de oír la noticia de que nuestro antiguo gobernador, Raúl Castro, iba a visitar una escuela secundaria cerca de mí. Le iban a cambiar el nombre a la escuela en su honor, Raúl H. Castro Middle School. Empecé a pensar cómo salirme de mi escuela para ir a asomarme y ver a esta leyenda. Reorganicé mi horario y encontré la forma de hacerlo. Llegué a la escuela y vi una multitud de personas. Todos estaban ansiosos por decirle algunas palabras. Yo también sentía lo mismo. Rápidamente caminé entre la gente y cuando estaba llegando a donde él estaba estiré la mano y le dije, 'Buenos días, Señor Castro. Es un placer conocerlo. Es un honor conocer al único gobernador latino que representa nuestro estado de Arizona'. Me miró, sonrió y muy confiado dijo, 'Me pareces conocida. Tú serás la primera gobernadora latina del estado de Arizona'. Ambos nos reímos y nos miramos a los ojos, y por un momento compartimos el entusiasmo de ver el futuro. Le agradecí el cumplido y le repetí que era un honor haberlo conocido. Este fue el inicio de muchas cosas que llegaron a mi vida.

Anne Doan, una residente de Nogales que lideró el programa de educación bilingüe de la ciudad del 1990 al 2000 dijo que —Él hablaba seguido con los estudiantes, maestros y profesores auxiliares en Nogales, Arizona.

Anne recuerda que Raúl les decía a los estudiantes latinos que —La verdad es que —y lo tienen que acep-

tar— ustedes van a tener que trabajar el doble que las demás personas para tener éxito.

La influencia del antiguo gobernador Raúl Castro era extensa y grande. Hasta inspiró a artistas como yo, así como a James Garcia, un dramaturgo de Arizona. James había escrito muchas obras de teatro mostrando lo que era ser latino en los Estados Unidos. En el 2012, el Gobernador Castro y su esposa fueron los invitados de honor para una de sus obras. Los sentaron en la primera fila del gimnasio Ray Molera de la preparatoria de Nogales para ver *American Dreamer: The Life and Times of Raúl H. Castro*, una obra que Garcia escribió y produjo.

¿Eres un soñador o una soñadora como el Gobernador Raúl Castro, quien llegó a los Estados Unidos con su familia cuando tenía dos años? ¿Conocías o conoces a alguien que haya caminado miles de millas para entrar a los Estados Unidos pensando que allí tendrá la oportunidad de tener una mejor vida? Pregúntale a tus padres sobre la historia de tu familia o cuánto tiempo han vivido ellos o tus ancestros en los Estados Unidos.

Cuando la familia Castro emigró de México a los Estados Unidos el Dream Act no existía. Hoy, a los niños que fueron traídos a los Estados Unidos de otro país se les conoce como "Soñadores". Es entendible que el único país en el que los "soñadores" recuerdan haber vivido y con el que se pueden relacionar son los Estados Unidos.

La intención del Dream Act, un documento legal que se presentó en el Congreso en el 2001, fue para crear un camino a la ciudadanía para los jóvenes inmigrantes que fueron traídos a los Estados Unidos sin documentos. Estos jóvenes son americanos en todo sentido, excepto en documentación. Ellos han crecido en los Estados Unidos de América y se consideran estadounidenses, pero no tienen los documentos para participar completamente en el país que consideran su hogar.

La vida de Raúl Castro es un paralelo a las metas del Dream Act. La ley permite que las personas jóvenes e indocumentadas salgan de la sombra; en otras palabras, que trabajen de forma legal y sin miedo a la deportación. Los resultados del Dream Act han ayudado al crecimiento económico, han mantenido a las familias unidas, promovido la educación y la integración en la comunidad, estrechado los lazos de la comunidad y ayudado a los soñadores a florecer. Hace más de un siglo que Raúl Castro pudo hacer todo esto trabajando duro y con dedicación. Pero eso no eliminó la discriminación que existía entonces y que aún existe hoy en día.

Hasta que el ex Presidente Barack Obama, por orden ejecutiva en el 2012, pasó el Dream Act, los soñadores no tenían un camino a la ciudadanía. Ahora, cualquier presidente que le siga tiene la autoridad de detener o deshacer el programa en cualquier momento.

Capítulo catorce

DEJA TU MARCA

El legado no es dejarle algo a la gente sino dejar algo en la gente.

—Peter Strople

Anne Doan se convirtió en chofer del ex gobernador cuando él tenía noventa años. Ella recuerda el día en el 2012 cuando lo transportó de Nogales a Tucsón para la celebración de sus 96 años. Era a mediados de junio en el desierto sonorense. Cuando hicieron la parada mandatoria en el puesto de control de la Patrulla Fronteriza de los Estados Unidos en Tubac, Arizona, los agentes los llevaron aparte porque el marcapasos del ex gobernador hizo que se activara una alarma. Los agentes los dirigieron a un estacionamiento con sombra. Allí les insistieron que esperaran hasta que los agentes revisaran todos sus documentos. Después de que el Gobernador Castro y Anne estuvieron esperando bajo el calor de casi 100°F entre 30 y 40 minutos, sin ofrecerles ni un vaso de agua o darles espera en un tráiler con aire acondicionado, Anne no pudo contenerse.

—¡Este hombre tiene un nivel de autoridad mucho más alto que ninguno de ustedes! ¡Es el ex gobernador de Arizona!

El episodio fue vergonzoso para los agentes y para Raúl quien, después de haber sido gobernador del estado, fue sujeto a un acto de discriminación por su apariencia.

Raúl seguía su propio ritmo. No era fanático de las verduras aunque sabía que eran buenas para él.

—Cuando yo lo acompañaba a las reuniones con niños —Anne recuerda— le decía al gobernador que no les dijera de su desagrado.

Como siempre, el gobernador trataba de ser un buen modelo a seguir, hacía un buen trabajo al mantener en secreto su desagrado por las verduras. Así como Nacho, el sobrino de Raúl, ha dicho, Anne sabía que las comidas favoritas de su tío eran los frijoles, la carne y las papas, por supuesto que con salsa, y cochitos para el postre.

A los 97 años, Raúl vivía en una antigua casa histórica de más de cien años y de dos pisos en Nogales, Arizona. El Gobernador Castro usaba una silla elevador para subir y bajar las escaleras para ir a su recámara, atender a las visitas, comer y descansar. Un día, mientras se preparaba para bajar, se cayó de la silla cuando estaba en lo alto de las escaleras. Rodó hasta abajo y se golpeó por todos lados en la caída. Se hizo una herida en la frente y

se quebró varias costillas. Lo llevaron en helicóptero al Hospital University Medical Center en Tucsón.

Yo lo fui a visitar varias veces mientras estaba sanando. Le llevé sopa de albóndigas y sus cochitos. Esto lo hizo sonreír y creo que su panza también sonrió. En una de mis visitas al hospital me acompañó mi esposo Danny. Notó que cuando Raúl tosía, reía o estornudaba, abrazaba una almohada morada en forma de corazón que alguien le había regalado.

Danny le preguntó, con muecas de dolor en la cara, —Ay, Gobernador Castro, ¿no es insoportable ese dolor?

Raúl pensó un momento y luego respondió —Oh, ya estoy acostumbrado. Es como estar en una pelea de boxeo—. Y se rió con mucho cuidado.

En octubre del 2014, cuando estaba a punto de cumplir 99 años, el antiguo gobernador y ex embajador de los Estados Unidos Raúl Héctor Castro hizo su último viaje a Tucsón. Iba acompañado de su asistente personal, quien había viajado con él desde San Diego, California, adonde él y Pat se habían mudado recientemente para estar más cerca de su hija Beth y de su nieto Don Daley III. El Gobernador Castro estaba en Tucsón para recibir un honor especial: un premio de la Cámara de Comercio Hispana por la trayectoria de su vida. En el evento, el Congresista Ron Barber anunció la propuesta de ley que recientemente había entregado al Congreso de los Estados Unidos para cambiar el nombre del Douglas Port of Entry a Raúl Héctor Castro Port of Entry.

Capítulo quince
PUENTES DE VIDA

Si queremos tener paz en la tierra . . . nuestra lealtad debe trascender nuestra raza, nuestra tribu, nuestra clase social y nuestra nación; y eso significa que debemos desarrollar una perspectiva mundial.
—Martin Luther King, Jr.

Raúl Héctor Castro falleció el 10 de abril del 2015. Seis meses después, el Congresista Raúl Grijalva reintrodujo la propuesta de ley que el Congresista Ron Barber no logró ganar porque perdió su reelección. Aunque Grijalva se enfrentaba con un congreso que podría votar contra la propuesta; éste logró obtener un voto unánime, y cambiaron el nombre del Douglas Port of Entry a Raúl Héctor Castro Port of Entry.

Hubo tres memoriales separados para celebrar al ex gobernador y ex embajador de los Estados Unidos. El primero se celebró en la ciudad fronteriza que él tanto amó y en donde vivió la última cuarta parte de su vida: Nogales. El segundo fue en la Catedral de Tucsón, en

donde se graduó de la escuela de leyes, ejerció como abogado y sirvió como fiscal del condado y juez del tribunal superior. El tercer y último memorial se hizo en el capitolio del estado de Arizona, en Phoenix, el cual fue atendido por su familia y amigos cercanos así como por dignatarios de estado y de países lejanos.

El vigesimocuarto gobernador de Arizona, Doug Ducey, despidió al decimocuarto y único gobernador latino de Arizona hasta el presente: —Todos estamos aquí para celebrar la vida de Raúl Héctor Castro, no para penar su muerte. RHC simboliza el triunfo del espíritu humano. Él era el sueño americano. Lo que otros vieron como adversidad, él lo vio como oportunidad. Para Raúl, el servicio público no era una carrera, sino un llamado.

Dino DeConcini, el jefe de personal del Gobernador Castro, apasionadamente nos recordó que —Raúl podría ser considerado uno de los soñadores. Era un optimista incurable. Una vez me dijo que por cada puerta que le cerraron en la cara, se abrieron muchas más. Raulito se convirtió en Raúl, un hombre optimista, inteligente, ambicioso y lleno de determinación quien amaba y tenía fe en los Estados Unidos de América —su país, este país, nuestro país.

Ese día en la rotonda del capitolio del estado de Arizona sonó la música del mariachi. Su sobrinieta, la hija de Nacho, Frances Castro, conocida por su bella y conmovedora voz, le hizo un tributo a su tío abuelo con algunas canciones especiales.

El embajador de El Salvador pronunció estas palabras en nombre de Raúl Castro que dejaron impresionado a Nacho: —El Embajador Castro hizo de nuestro país lo mejor que podía ser. Me gustaría que aún estuviera allí.

Al crecer con sólo un par de zapatos, Raulito no quería que se le gastaran mientras caminaba las cuatro millas de ida y vuelta a la escuela todos los días, así es que se los quitaba y caminaba descalzo. ¿Quién podrá llenar los zapatos de Raúl Castro ahora? ¿Crees que tú puedes hacerlo? Seguro que sí, porque ¡sí se puede!

No Opportunities? Don't You Believe It!

Caricatura de Bert Whitman, cortesía del autor.
*Traducción de la ilustración (de izquierda a derecha): maestro, abogado, fiscal, juez, embajador, gobernador, embajador.
¿No hay oportunidades? ¡No te lo creas!

El siguiente poema fue escrito y leído durante el memorial de Raúl Héctor Castro en el capitolio de Arizona en mayo del 2015 por Alberto Álvaro Ríos, poeta laureado de Arizona. Se cita con el permiso del autor.

"El hombre que no nos deja: Raúl H. Castro"

Nacido en México pero regalo al mundo,
boxeador, trabajador agrícola, maestro, abogado,
    juez, embajador, gobernador:
aquí está un hombre que creyó —en sí mismo, en
    nosotros,
en la educación, en la máxima igualdad del mundo
    mismo,
el gran mundo, el gran día, el gran momento.
Pero lo que es grandioso también es el trabajo duro en
    cada momento.
La vida misma fue su trabajo.
Aunque no esté aquí, nosotros somos más por él.
Muchos de nosotros podemos leer, ir a la escuela, usar
    la puerta principal.
Aunque no esté aquí, lo que nos deja importa,
y es mucho más que simplemente su nombre.
Abarcó países, idiomas, años, trabajos y corazones.
Él era la frontera y el centro a la vez.
Era callado en su trabajo pero fuerte en su impacto.
Hemos perdido a un hombre, pero no lo que nos ha
    dado.
No tenemos forma de agradecerle
excepto con el vivir nuestras vidas con él en ellas,
para agradecerle haciendo lo que él también habría
    hecho.

Raúl H. Castro 1916-2015